눈 떠보니
메타버스
게더타운(Gather.town) 마스터

메타버스 게더타운(Gather.town) 플랫폼 활용 가이드

최재용, 박시은 지음

光文閣
www.kwangmoonkag.co.kr

| 머리말 |

코로나19는 인류의 많은 부분에 큰 영향력을 미쳤다. 이 영향력에는 선한 영향력도 있고 부정적인 영향력도 있다. 대부분 코로나19가 가져온 전 세계적인 팬데믹 현상 중 가장 큰 타격 중 하나는 경제의 추락과 사람들과 소통의 단절일 것이다.

사람들의 모임이 제한되다 보니 사람을 초대하는 것도 그 초대에 응하는 것도 신경이 쓰일 수밖에 없는 것이 현실이다. 이처럼 힘든 나날 속에서 사람이 모이지 않게 되자 대부분의 소상공인, 엔터테인먼트, 스포츠, 전시, 공연, 교육 등 상당 부분에서 많은 것들이 활동을 멈췄다.

그 가운데서도 특히 교육 분야는 개학이 돼도 등교가 중단되고 교정의 문이 닫히게 되자 아이들의 교육에 비상등이 켜졌다. 많은 학부모가 발을 동동 굴러야 했고, 특히 대학 신입생들은 신학기가 돼도 입학식도 치르지 못하고, 한 번도 교정을 밟아 보지도 했으며, 친구들과도 만날 수 없는 상황에서 방학을 맞이하는 등 학교에도 비상사태가 벌어지기 시작했다.

이를 해결하기 위한 대안으로, 즉 학교에 등교하지 않고서도 수업을 진행하고 소통할 수 있는 방안으로 줌(ZOOM)을 수업에 도입해 활용하게 됐다. 줌의 등장으로 일순간 학교 교사와 학부모들은 안도의 한숨을 내쉬었다. 그러나 그것도 잠깐 이제는 줌을 통한 교육에서 단점들이 속출하면서 줌 교육의 효율이 반감되기 시작했다. 즉 학생들이 모니터를 켜지 않고 수업에 참여하는 학생들이 늘어나면서 수업의 참여도, 몰입도가 떨어지고 흥미를 잃는 아이들이 속출하면서 교육 본연의 효과마저 반감되기 시작했다.

이와 같은 현상은 비록 교육만이 아니라 기업이나 사회 전반에서 줌을 활용한다면 나타나는 현상으로 이와 같은 단점은 여기에 멈추지 않고 나아가 새롭게 등장한 '줌 피로증후군'이라는 증상까지 발생하면서 줌에 대한 필요성을 반감시키기 시작했다.

이러한 때 줌에 대한 대안으로 떠오른 것이 바로 '메타버스(Metaverse)'이다. 특히 우리나라가 메타버스에 발 빠른 반응을 보이고 있는 데는 5G의 상용화로 PC 기반에서 모바일 기반으로의 전환과 4차 사업혁명의 영향 때문이다. 이제 메타버스가 다양한 곳에서 여러 가지 형태로 기능에 따라 활발히 활용되며 그 가치를 인정받기 시작했다.

메타버스가 처음 소개되면서 무엇보다 게임에 익숙한 우리 아이들은 학교 교육에 메타버스를 도입하자 참여 자체로 재미와 흥미를 갖게 되면서 학습의 만족도, 몰입도, 참여도가 높아지게 됐다.

학교 교육만이 아니라 기업들은 비대면으로 인해 근무의 형태도 재택근무로 전환되면서 메타버스를 서둘러 도입하기 시작했다. 이제 꼭 오프라인 사무실이나 현장 근무만이 아니라 재택근무는 일의 성과도, 경제성, 환경적 측면, 인력 감소, 위험도 감소 등 다양한 측면에서 긍정적인 효과를 나타내며 기업들의 필수 사용 플랫폼으로 자리 잡게 됐다. 즉 가상이 우리의 삶 속에 현실로 들어섰다.

메타버스의 등장으로 인해 얼어붙은 경제가 회복하기 시작했고 메타버스를 둘러싼 다양한 직업군이 탄생했다. 정부 차원에서도 이와 같이 메타버스 활용에 보다 적극적인 자세로 투자와 연구를 약속했다. 그뿐만 아니라 단절됐던 이웃이나 가족 등 사랑하는 이들과 함께 소통하며 교류를 이어가고 있다. 어쩌면 대면의 시대보다 더 활발한 소통이 비대면 메타버스 세계 속에서 이뤄지고 있는지도 모른다.

또한, 이 세계 속에서 현실에서 이루지 못한 경제 활동을 이어가면서 현실에서보다 더 많은 수익을 창출하는 이들도 속출하고 있다. 말 그대로 메타버스는 이제 새로운 신세계이며 동시에 가상이 아닌 우리의 현실마저 대체해 가고 있는 듯하다.

이번 신간 『눈 떠보니 메타버스 게더타운(Gather.town)' 마스터』는 현재 가장 활발히 활용하고 있는 메타버스 플랫폼 중에서 '게더타운(Gather.town)'에 초점을 맞췄다.

줌과 게더타운 두 플랫폼 모두 실제 얼굴을 보면서 회의를 진행할 수 있는 공통점이 있지만, 게더타운은 자신의 아바타를 활용해 마치 오프라인에서 활동하는 것과 같은 효과를 보이면서도 화면 공유, 채팅, 소회의실 기능 등이 가능한 '참여형 메타버스 플랫폼'으로 활용도가 높아지고 있다.

『눈 떠보니 메타버스 게더타운(Gather.town)' 마스터』는 총 3장으로 구성됐다. 1장은 게더타운(Gather.town)의 이해와 활용, 2장 게더타운(Gather.town) 플랫폼 활용 가이드, 3장 게더타운(Gather.town) 플랫폼 활용 제안으로 구성됐다. 즉 게더타운의 개념 정의에서부터 활용 사례, 활용 방법, 게더타운 실전으로 맵 제작에 이르기까지 게더타운을 마스터하기 위한 전천후 필독서이다.

비대면으로 인해 여러 분야에서 게더타운은 다양한 기능과 재미있는 아바타의 표현으로 인해 많은 사람에게 인기를 얻어가면서 활용 가치 역시 높아지고 있다. 아마도 게더타운으로 표현하지 못할 부분이 거의 없을 듯싶다.

이제 기업이나 행사, 공연, 전시, 엔터테인먼트, 지자체, 정치 등 다양한 분야에서 게더타운이 선전을 거듭하고 있다. 그러다 보니 메타버스 플랫폼 중에서도 게더타운에 대한 제작 의뢰가 가장 활발하다.

그만큼 게더타운의 활용 가치가 높다는 의미이며, 이는 게더타운이 '메타버스 공간 디자이너'라는 새로운 직업으로 자리하기에 이르렀다.

필자는 『눈 떠보니 메타버스 게더타운(Gather.town)' 마스터』를 통해 메타버스 게더타운을 멋지게 제작해 교육이나 기업 등에서 효율적인 업무 프로세스로 활용하기를 바란다. 또한, 공간 디자이너로서 수익 창출에도 일조하기를 기대해 본다.

이제 많은 사람이 궁금해 한다. 과연 메타버스의 한계가 무엇이며 그 발전의 끝은 무엇일지를. 그러나 이 부분은 아무도 예측할 수 없다. 말 그래도 상상의 세계, 현실을 초월한 가상현실 세계로 인류가 발전하는 그 이상의 결과물이 머지않은 날 우리 눈앞에, 우리 삶 속에서 누리게 될 것이라 확신한다.

2022년 5월 최재용

| 머리말 |

메타버스는 갑자기 생겨난 개념이 아닙니다. 우리 스스로가 지금까지 그 안에서 살아왔지만 기술의 발전이 따라잡으면서 더욱 가속화되어 가고 있다고 생각합니다.

특히 SNS으로 소통하는 것이 일상인 MZ세대를 비롯해 현재 자라나는 알파세대들은 메타버스 플랫폼인 게더타운으로 학교 교육을 받고 로블록스와 제페토에서 친구들과 놀며 성장해 가고 있습니다. 이들의 특징은 글로 배운 것이 아니라 메타버스 자체가 이들의 일상입니다.

앞으로 사회 구성원은 이러한 MZ세대와 알파세대가 주축이 되어 성장해 갈 것입니다. 인공지능 기능은 계속해서 발전해 가고 있으며 새로운 플랫폼들도 지속적으로 나오게 될 것입니다. 저 역시 줌으로 교육을 진행해 왔지만, 게더타운을 활용하여 공간을 만들고 교육을 하다 보니 짧은 시간이지만 정말 다양한 맵을 제작하고 제공을 하게 되었습니다.

일방적으로 호스트를 바라보는 기존의 비대면 화상 플랫폼에서 해당 화상 기능은 그대로 가져가면서 자유롭게 돌아다니며 소통할 수 있는 메타버스 게더타운(Gather.town) 플랫폼의 매력에 빠져 참가자들도 재미있게 참여하는 모습이 눈에 선합니다.

이 책은 제가 직접 제작해 왔던 다양한 사례를 중심으로 누구나 쉽고 재미있게 게더타운 맵 제작을 시작하도록 만들었습니다. 게더타운의 가장 큰 특징은 한 번 만들고 나면 별도의 비용 없이 지속적으로 사용할 수 있기 때문에 이 책과 함께 나만의 맵을 꼭 도전해 보시길 바랍니다.

학교에서 게더타운으로 이미 수업을 한 경험을 바탕으로 엄마의 맵을 보고 초등학생으로서 의견을 함께 내어 준 큰딸과 책 집필을 할 수 있도록 도움을 준 남편과 아들에게도 감사의 말씀을 전합니다.

2022년 5월 박시은

| 목차 |

3장　게더타운(Gather.town) 플랫폼 활용 제안　　231

1

게더타운(Gather.town)의 이해와 활용

1. 이제는 메타버스 시대!

메타버스는 시간과 공간의 제약 없이 사용할 수 있다는 특징이 있다. 우리는 지금까지 메타버스가 없는 세상에서 살아왔던 걸까? 결코 그렇지 않다. 한때 선풍적인 인기를 끌었던 포켓몬고부터 SNS, 내비게이션 등은 모두 메타버스의 범주에 속한다고 볼 수 있다.

▶ 증강현실 세계: 현실 공간 위에 가상의 이미지가 합성된 새로운 세상을 만들어 내는 개념으로 이미지, 영상 등이 합성되어 보인다. 포켓몬고 외 사진 촬영 앱인 스노우도 현실 얼굴 위에 실시간 가상의 이미지가 덧대어지는 특징이 있다.

▶ 라이프로깅 세계: 자신의 삶에 대한 다양한 경험, 정보를 기록하고 저장, 공유하는 세상이며 인스타그램, 페이스북, 유튜브, 블로그 등이 대표적이다.

▶ 거울 세계: 현실 세계의 정보 및 구조를 바탕으로 복사하여 편리성이 더해져 새롭게 만들어진 세상이다. 대표적으로 내비게이션, 구글맵 등이 있다. 일반 도로를 안내하지만 CCTV 안내, 남은 시간 계산, 속도 제한 등 실시간 정보가 더해져 편리성을 주는 것이 특징이다.

▶ 가상 세계: 현실과 다른 공간, 문화, 인물, 사회 등을 만들고 그 안에서 사는 제3의 세상으로 가상공간 안에서 상호작용도 하고 현실과 같거나 그 이상의 상상의 세계를 더하여 활동하는 것이 특징이다. 대표적으로는 로블록스, 포트나이트, 제페토, 이프랜드 등이 있다.

[그림 1-1] [출처: YTN 人터view 프로그램 화면 발췌]

1) 온라인 모임의 새로운 대안 '게더타운'

코로나19로 인해 수많은 분야가 온라인 환경으로 옮겨왔다. 재택근무가 활성화되었고 원격수업은 일상으로 자리 잡게 되었다. 하지만 짧은 시간에 빠르게 온라인으로 확산되면서 대다수가 줌 같은 화상 회의 플랫폼을 사용하고 있지만 굉장히 피로감을 느끼는 것도 사실이다. 오직 모니터만 바라보고 있어야 하며 상호작용에도 제약이 있기 때문에 온라인과 오프라인 경계의 단점을 극복하기도 쉽지 않았다. 이에 따라 현재 줌을 대체할 수 있는 화상 회의 플랫폼으로 메타버스 플랫폼 중 하나인 게더타운이 많이 활용되고 있다. 이에 대해 상세히 알아보도록 하자

2) | 줌 vs 게더타운 비교

코로나19 이후 대면 활동의 새로운 대안으로 줌, 웹엑스, 구루미 같은 화상 회의 플랫폼이 등장했으며 다양한 교육, 모임, 행사 등의 해결책 역할을 담당하게 되었다. 시간과 공간의 제약 없이 정해진 일정을 진행할 수 있어 많은 사람이 사용을 하였지만 진행자의 얼굴이나 공유해 주는 화면을 일방적으로 보고 있거나 참여 요소가 적절하게 들어가지 않은 경우는 화상 교육에 대한 피로도도 올라간 것이 사실이다.

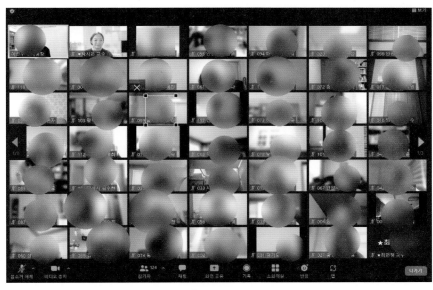

[그림 1-2] 줌 화면 접속 예시

물론 잘 활용하는 경우에 줌은 여전히 편리한 도구이지만 이보다 더욱 생동감 있고 사용하기도 간편한 메타버스 플랫폼 게더타운이 새롭게 대체되어 가고 있는 추세다.

그럼 지금부터 화상 회의 플랫폼 줌과 메타버스상의 가상 오피스인 게더타운을 비교해서 어느 부분이 가장 비슷하고 차이점이 있는지 간략하게 소개하고자 한다.

(1) 비디오, 오디오

줌과 게더타운 두 플랫폼 모두 실제 얼굴을 보면서 회의를 진행할 수 있는 공통점이 있다. 물론 상황에 따라 자신의 비디오 및 오디오를 끄고 켤 수 있기 때문에 매우 편리하다.

[그림 1-3] 줌 vs 게더타운 비디오 영역의 공통점

하지만 접속할 당시 참가자 화면 그대로 보이게 되고 소리도 동일하게 전달되는 줌과 달리 게더타운은 나의 캐릭터가 돌아다니면서 다른 캐릭터와 가까워지면 상단에 보이는 비디오가 바뀌게 되고, 거리가 멀어질수록 흐릿하게 보이다가 아예 사라지게 된다. 비디오가 선명할수록 상대방의 소리가 또렷하게 들리지만 멀어질수록 소리도 끊기게 된다.

[그림 1-4] 줌 vs 게더타운 비디오 영역의 차이점

(2) 접속 방법 및 회원 가입

 줌과 게더타운은 모두 모바일과 PC로 접속할 수 있다. 둘 다 직접 방을 개설하는 경우가 아니라면 회원 가입은 별도로 하지 않고 링크로만 접속할 수 있지만, 줌은 프로그램을 각각 다운로드를 해서 사용해야 하며 게더타운은 PC와 스마트폰 모두 크롬창을 활용하여 바로 들어갈 수 있다.

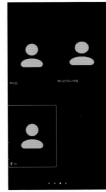

[그림 1-5] [좌] 줌 회의 PC 프로그램 접속, [우] 줌 스마트폰 접속

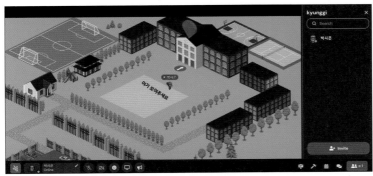

[그림 1-6] [좌] 게더타운 PC 화면 접속, [우] 게더타운 스마트폰 접속

(3) 화면 공유, 채팅, 소회의실

줌이 코로나 기간 동안 고속 성장을 할 수 있었던 이유는 화면 공유와 소회의실 기능이 잘 되어 있기 때문이다. 게더타운에서도 줌처럼 PPT 자료 공유는 물론 사이트 공유 등을 통해 실시간 유튜브 라이브 스트리밍을 공유할 수 있으며 채팅 기능을 통해 소통을 원활하게 진행할 수 있다.

또한, 목적에 따라 사용자들을 소회의실로 보내 회의를 할 수 있도록 설정하는 기능은 매우 편리한 기능이지만 호스트가 이동시켜 주기 전에는 스스로 이동할 수 없고 방의 환경도 이동하는 불편함이 존재하기도 한다.

반면 게더타운의 소회의실은 한 공간에 있지만 영역 지정만 해두면 전체 공간에서 소회의실로 아바타를 통해 스스로 자유롭게 이동할 수 있기 때문에 매우 편리하다.

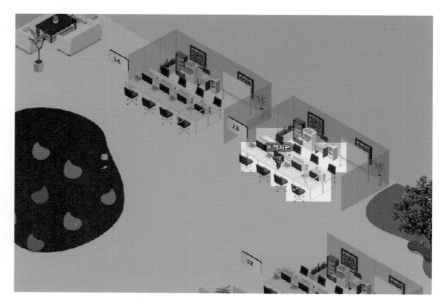

[그림 1-7] 게더타운 소회의실 영역

(4) 비용 및 사용 시간

줌은 무료 회원인 경우 최대 100명까지 접속할 수 있으며 40분의 시간 제약이 있다. 유료 회원은 무제한으로 회의를 진행할 수 있으며 공동 호스트, 설문, 라이브 스트리밍 등을 사용할 수 있는 기능이 차별이 생기게 된다. 유료 회원을 결제하는 경우 월 15,000원 정도의 비용이 발생하게 된다.

[그림 1-8] 줌 사용 비용 화면

게더타운의 경우 룸을 생성하는 것은 무료이며 시간 제한도 별도로 없다. 룸에 입장할 수 있는 무료 인원은 25명이며 그 이상 접속하는 경우 별도로 비용을 지급해야 한다.

2시간 기준 2달러이며 온종일 사용하는 비용은 1명당 3달러이다. 월 단위로도 결제가 가능하기 때문에 대규모 행사를 기획하는 경우 예상 인원만큼 결제를 해두도록 한다.

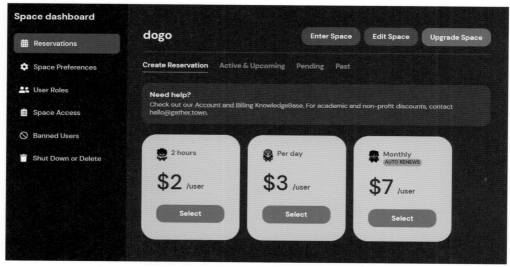

[그림 1-9] 게더타운 사용 비용 화면

아울러 위에 언급된 부분 외에도, 자료 등을 공유할 때 줌은 호스트가 화면 공유를 통해 띄워 주거나 채팅창에 링크 및 파일을 전달하는 방법으로 자료를 본다면 게더타운은 삽입하는 오브젝트에 여러 링크를 삽입하여 참여자 스스로 다양한 자료를 보게 하기 때문에 자율성이 더해져서 보다 재미있게 참여할 수 있게 된다.

2. 게더타운의 활용 사례

1) 기업의 활용 사례

기업에서도 게더타운으로 활발하게 활동을 하고 있으며 필자가 함께 작업을 했던 사례를 소개하고자 한다. 코로나로 인해 해외 바이어들과 오프라인 대규모 미팅을 못하게 된 상황에서 메타버스 공간 안에 박람회장을 꾸며 진행을 했으며 각각 공간에는 웨비나관, 자료 보관, 상담부스, 커뮤니케이션관 등을 설정하였다.

1:1 비공개 상담은 상담 부스의 각 방으로 들어가서 진행하였고 그 외 회사를 알리는 다양한 영상 자료, pdf 자료 등은 자료 홍보관에 넣어 오고가는 사람들이 편하게 볼 수 있도록 기획하였다.

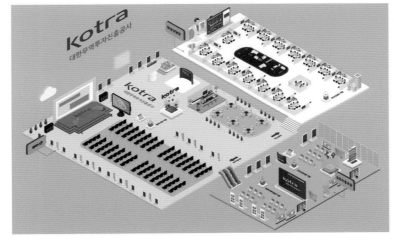

[그림 1-10] [출처: 코트라 게더타운 맵 / 박시은 강사 제작]

이어 롯데건설의 롯데타운도 성공적인 사례 중 하나이다. 채용 설명회를 메타버스 맵에서 진행하였는데 마치 실제 본사 빌딩에 와 있는 느낌을 주는 웨비나관에 모여서 채용 설명회가 유튜브 라이브로 진행되었으며, 각각 다른 관은 직무 담당자들과 1:1 상담 혹은 작년에 막 새로 채용된 신입 사원과의 만남 등이 준비되었다.

[그림 1-11] [출처: 롯데건설 게더타운 맵 / 인터넷 기사 발췌]

2) | 교육기관의 활용 사례

초등학교부터 대학교까지 학교 교내 행사들도 비대면 방식으로 진행되고 있으며, 그 중 이화여자대학교에서 ALEdu 챌린지그룹 1기 활동 성과 발표회를 게더타운에서 진행한 것이 눈길을 끈다. 당시 게더타운으로 진행된 이유로는 기존의 줌은 일방적으로 화면이 보이는 방식이기 때문에 원하는 대로 맵도 제작할 수 있고, 얼굴을 보며 질의응답 시간을 진행할 수 있으며, 캐릭터가 자유롭게 돌아다니며 다양한 자료들을 볼 수 있고, 다른 전공 학생들과도 편하게 소통할 수 있다는 점에서 메타버스를 활용하게 되었다.

[그림 1-12] [출처: 이화여자대학교 이화뉴스 발췌]

또한, 100여 명의 학생들이 한 자리에 모이는 오프라인 행사를 못 하게 되자 교육부와 국가평생교육진흥원에서 "투게더타운"이라는 행사를 기획하여 게더타운 맵에서 활동 및 유튜브에서 실시간 스트리밍을 통해 사회적 기업가와의 만남도 진행되었다.

[그림 1-13] [출처: 국가평생교육진흥원 '투게더타운' 게더타운 유튜브 스트리밍 / 촬영: 박시은 강사]

3) 공공기관의 활용 사례

공공기관에서 메타버스 바람도 활발하게 불고 있다. 신규 공무원 교육부터 시작해서 민원 업무, 평생교육 강의실, 진로 상담, 찾아가는 복지 상담실, 지역 대표 축제 소개, 재건축 등 도시개발 정보 제공, 우리 지역 알리기 등 다양한 사례들이 나오고 있는데 그중에서도 순천시청에서 진행된 메타버스 교육에서 나왔던 사례를 소개하고 싶다.

그 당시 세정과에서 나온 의견 중 취득세 같은 경우는 대면 상담을 해야 하지만, 코로나 등의 상황으로 어렵기 때문에 메타버스 맵을 활용하여 취득세를 비롯 다양한 세금을 상담해 주고 각 개인의 재산세, 체납 사실 등을 바로 확인할 수 있는 공간을 마련하고 싶다고 하였던 것이 기억에 남는다.

이러한 공간을 활용하여 상담 및 자료 조회, 강의 등을 할 수 있는 것이 특징이다.

[그림 1-14] [출처: 순천시 세정과 게더타운 맵 / 순천시 세정과 공무원 제작, 박시은 강사 지도]

    또한, 경기도인재개발원도 메타버스를 도입하여 활발하게 활용하고 있는 사례 중 하나이다. 일 년간 진행되는 핵심 리더 교육 중 직무 교육, 외국어 교육 등을 줌이 아닌 게더타운에서 진행하고 있으며 다양한 교육을 메타버스 공간에서 충분히 활용하게 된다.

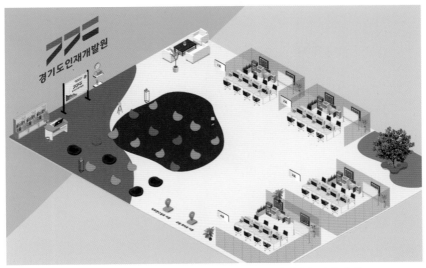

[그림 1-15] [출처: 경기도인재개발원 게더타운 맵 / 박시은 강사 제작]

코로나로 인해 기업들이 한 자리에 모이지 못하기 때문에 부천시사회적경제센터에서 사회적기업들의 신청을 받아 박람회를 진행한 것도 인상적이다. 참여자들은 접속해서 자유롭게 돌아다니며 각 기업의 대표들과 이야기를 나눠 보고, 설치되어 있는 다양한 자료들을 마음껏 보며 활동하기 때문에 오프라인의 느낌을 최대한 살릴 수 있는 특징이 있다.

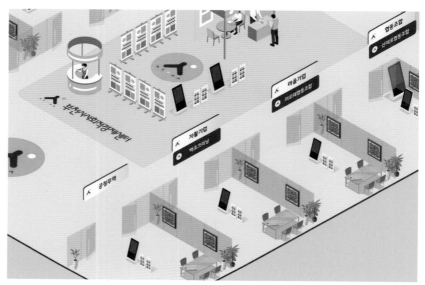

[그림 1-16] [출처: 부천시사회적경제센터 게더타운 맵 / 박시은 강사 제작]

앞서 다양한 예시를 살펴보았듯이 메타버스 공간을 활용하여 채용박람회, 신입 사원 연수, 임직원 교육, 온라인 면접, 상담, 교육 등을 활발하게 진행해 볼 수 있다.

2

게더타운(Gather.town) 플랫폼 활용 가이드

01 게더타운 정의 및 특징

1. 게더타운에 대한 이해 및 특장점

1) 게더타운이 주목받는 이유

게더타운은 2020년 5월에 미국 스타트업 회사 '게더(Gather)'에서 창립하였으며, 코로나 같은 외부 요인으로 인해 오프라인 행사를 하기 어려운 요즘 마치 오프라인에서 만나는 것처럼 나의 캐릭터를 사용하여 메타버스 가상공간에서 서로 대화도 나누고 행사도 진행할 수 있는 참여형 플랫폼이다. 물론 온라인상에서 수업을 진행하고자 할 때 기존에 사용해 왔던 줌 혹은 구글미트 등을 활용하여 수업 및 행사 진행을 할 수 있을 것이다. 하지만 오랜 시간 줌을 사용하면 일방적으로 화면을 바라보고 있어야 하는 줌 피로증이 쌓인 것도 사실이다.

따라서 비디오 화면 및 채팅, 화면 공유 등 줌의 회의 기능은 그대로 포함하면서 캐릭터가 돌아다니며 상호작용을 통해 자유롭게 보고 싶은 자료 등을 볼 수 있는 자율성까지 더해진 화상 회의 플랫폼으로 게더타운이 주목을 받고 있다. 기존에 활용하던 블로그, 웹사이트 등을 연결할 수 있고 나의 캐릭터를 통해 줌처럼 비디오와 마이크 기능을 활용해 얼굴을 보며 실시간 회의를 할 수도 있다.

[그림 2-1-1] 게더타운 첫 화면

2) 게더타운의 특징 및 장점

비디오 기능을 활용해 참여자의 얼굴도 확인할 수 있고, 음성 기능을 통해 실시간 대화
도 가능하며, 화면 공유가 가능하는 등 게더타운은 교육을 진행하기 가장 적합한 플랫폼
중 하나이다. 크롬, 마이크로소프트 엣지 등에 최적화되어 있으며 원활한 참여를 위해서는

스마트폰보다는 PC를 사용하는 편이 낫다.
물론 모바일에서도 작동은 되지만 아무래
도 PC보다 자유롭게 활동하기에는 제한적
이다. 게더타운의 특징은 다음과 같다.

나를 대신하여 내 캐릭터가 맵 안에서
자유롭게 이동할 수 있고 다른 캐릭터와
가까이 있을 때는 줌처럼 얼굴을 보면서
대화 및 채팅을 통해 소통할 수 있다.

[그림 2-1-2] 게더타운 내 이동 화면

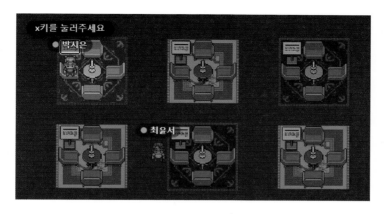

[그림 2-1-3] 게더타운 내 상호작용 화면

운영자가 맵 안에 상호작용을 설정해 둘 수 있으며, 참여자는 X키를 눌러 영상 시청, 사이트 연결, 메모 삽입, 이미지 삽입 등 자료를 자발적으로 확인할 수 있다.

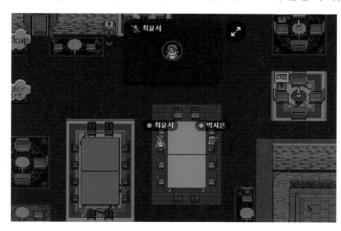

[그림 2-1-4] 게더타운 내 소모임 그룹 지정 화면

공간은 목적에 맞게 제작할 수 있으며 공간의 목적에 따라 소그룹 영역을 지정하여 분단별 회의 및 토론 등을 기획할 수 있다.

2. 게더타운 시작하기

1) 브라우저 선택 및 회원 가입

게더타운을 원활하게 사용하기 위해서는 크롬 접속이 안정적이며 마이크로소프트 엣지, 파이어폭스도 가능하다. 익스플로러로 접속하면 열리지 않으므로 반드시 위에 언급된 브라우저를 사용해서 열도록 한다.

[그림 2-1-5] 마이크로소프트 엣지, 크롬, 파이어폭스 로고

게더타운에 가입하기 위해서는 크롬을 열어 게더타운에 접속을 하고 Log in 버튼을 누른다.

[그림 2-1-6] 게더타운 회원 가입

게더타운 가입은 구글 아이디 외 다른 아이디도 모두 사용이 가능하지만, 구글 아이디를 제외하고는 로그인할 때마다 이메일로 발송되는 인증코드를 입력해야 하므로 구글 아이디를 사용하는 편이 편리하다. "Sign in with Google" 버튼을 클릭한다.

[그림 2-1-7] 구글 아이디를 입력하여 회원 가입을 진행

2) │ 캐릭터 맞춤 설정

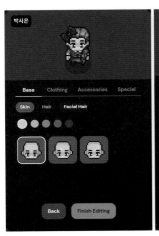 

회원 가입이 끝나면 내 캐릭터를 꾸밀 수 있다. 피부 색상, 헤어 스타일, 상의, 하의, 액세서리 등을 선택할 수 있다. 내가 표현하고 싶은 피부색을 설정할 수 있으며 의상 및 신발도 취향대로 색상 선택이 가능하다.

[그림 2-1-8] 게더타운 내 이동 화면

아울러 액세서리는 모자.
안경 등이 있으며 가장 오른
쪽의 Special을 누르면 시즌
성 캐릭터 혹은 게더타운 측
이 이벤트성으로 넣어둔 캐릭
터를 설정할 수 있다. 설정을
완료하였다면 우측 하단의 민
트색 버튼 "Fisish Editing"을
눌러 설정을 마무리한다.

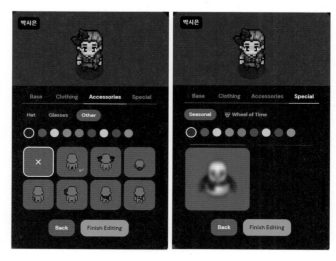

[그림 2-1-9] 게더타운 캐릭터 설정하기

설정이 끝났다면 게더타운 내에서 사용
할 이름을 설정한다. 본명도 괜찮고 맵 안에
서 사용할 닉네임을 넣어도 괜찮다. 혹은 조
별로 활동을 한다면 'ㅇ조 박시은' 이런 식
으로 조를 붙이면 입장해서도 같은 조원들
찾기가 매우 쉽다.

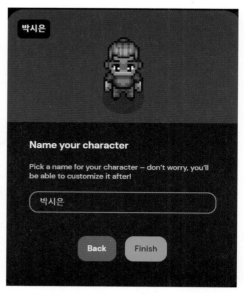

[그림 2-1-10] 게더타운 이름 설정하기

02 게더타운 사용법

1. 방 생성 및 템플릿 설정

1) 방 새롭게 생성하기

게더타운에서 방을 새롭게 제작하기 위해서는 로그인을 한 뒤 우측 상단의 Create Space를 클릭하여 새 공간을 열어 준다.

[그림 2-2-1] 게더타운 방 만들기

방이 생성되기에 앞서 게더타운 방에서 어떤 활동을 하고 싶은지 종류를 선택할 수도 있다.

사무실 용도인 작업 공간을 설정하고 싶다면 가장 좌측을, 이벤트를 진행하고 싶다면 중앙을, 공간 탐색을 하고 활동 요소를 넣고 싶다면 가장 우측을 선택한다. 이 선택은 목적에 가장 가까운 템플릿을 추천하기 위함이므로 추후 변경해도 관계없다.

바로 모든 템플릿을 보려면 좌측 하단의 "Advanced setup for experts"를 클릭한다.

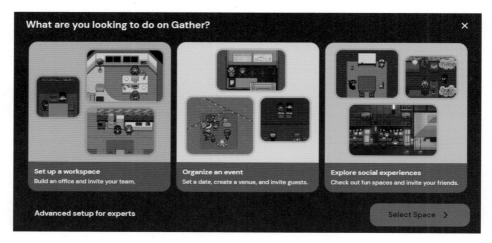

[그림 2-2-2] 게더타운 방 용도 선택하기

tip: 게더타운은 미국 회사이므로 영어가 기본으로 설정되어 있지만 익숙하지 않은 유저가 있다면 마우스로 오른쪽 클릭을 하여 "한국어로 번역" 버튼을 눌러 한국어를 활용하여 기초 메뉴를 익혀도 괜찮다. 다시 영어로 돌아가고 싶은 경우 주소창의 해당 버튼을 클릭한 후 감지된 언어를 누르면 영어로 설정된다.

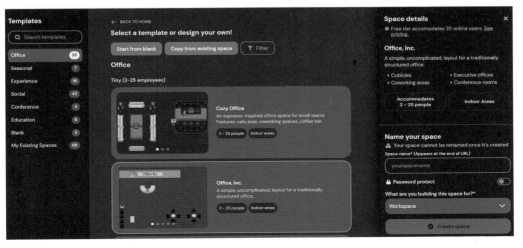

[그림 2-2-3] 템플릿 영어 버전

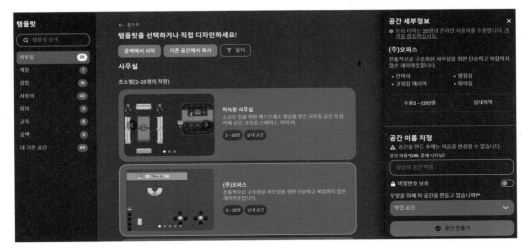

[그림 2-2-4] 템플릿 한국어 버전

2) 템플릿 선택하기

템플릿은 사무실부터 아무런 설정이 없는 빈 곳까지 다양하다. 예를 들어 교육이 목적인 경우라면 교육 템플릿을, 사무실 회의가 목적이라면 사무실 템플릿을 선택하는 방식으로 선택한다. 내 목적에 맞는 템플릿을 선택 후 클릭하면 오른쪽에 공간에 대한 상세 설명이 뜨게 된다. 방을 클릭하였을 때 2~25명은 해당 방의 최대 인원이 25명이라는 뜻이고, 100+로 표시가 되어 있는 방은 100명 이상이 들어갈 수 있는 굉장히 큰 규모의 방이다.

(1) 방 이름 지정하기

우측 하단에서 "Name your space"은 공간 이름을 지정하는 영역이다. Space name에 맵 이름을 넣으면 되는데, 예를 들어 sieun_class_park를 넣게 되는 경우 게더타운에서 생성되는 맵의 주소는 "gather.town/app/sieun_class_park" 형식이다.

아울러 맵 이름은 영문, 숫자만 가능하며 개설된 뒤에는 수정할 수 없다. 또한, 방을 생성할 때 비밀번호를 활성화해서 맵을 보호할 수 있기 때문에 공개적으로 오픈해 두는 맵이 아니라면 비밀번호를 활성화시켜 사용해 보자.

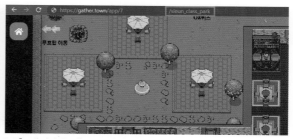

[그림 2-2-5] 게더타운 맵 주소 설정 예시

3) | 빈 템플릿 선택하기

맵을 제작하다 보면 기존 템플릿 외 내가 직접 벽과 바닥을 그려서 제작을 하거나 이미지를 업로드해서 배경을 만들고 싶을 때가 있다. 이렇게 빈 곳에서 시작하고 싶은 경우에는 Blank 템플릿을 선택해 본다.

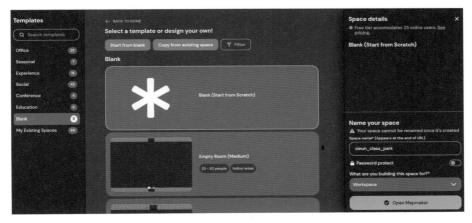

[그림 2-2-6] 게더타운 템플릿 중 빈 곳 선택

4) | 개설한 방 입장 및 오디오, 비디오 설정하기

만들고자 하는 방을 선택하고 "Create space"를 누르면 아래와 같이 카메라와 오디오를 설정하는 창이 열리게 된다. 이때 주의할 점은 게더타운 이외 다른 온라인 플랫폼의 오디오가 켜져 있는 경우 하울링이 심하게 생기기 때문에 반드시 둘 중 하나는 소리를 비활성화시켜야 하며, 비디오 역시 양쪽 모두 켤 수 없으므로 하나만 선택하도록 한다.

[그림 2-2-7] 입장할 때 오디오와 비디오를 설정하는 화면

아울러 게더타운이 나의 오디오와 비디오를 인식하지 못하여 "엑세스하려면 권한이 필요합니다"라는 메시지가 뜨는 경우, 주소창 좌측의 자물쇠 버튼을 클릭하여 모두 허용으로 바꿔 준다.

[그림 2-2-8] 게더타운에서 내 오디오와 비디오 허용하는 방법

또한, 게더타운에 가입하여 방을 처음 만드는 유저의 경우는 아래와 같이 튜토리얼 화면이 먼저 열리게 되는 경우가 있다. 게더타운에서 움직이는 방법, 음소거 및 음소거 해제하는 법, 상호작용하는 법 등 가장 기초적인 활동 방법을 익히고 튜토리얼 건너뛰기, 즉 "Skip Turorial"을 눌러 넘어간다.

[그림 2-2-9] 튜토리얼 확인하기

이제 방 개설은 완료되었으며 선택한 맵으로 입장해 보도록 한다.

2. 게더타운 맵 구조 알아보기

우선 맵의 기본 구조부터 알아보자.

좌측에는 세팅, 이름 변경, 오디오 및 비디오 설정 등이 모여 있고, 우측은 빌드, 채팅, 참가자 등이 모여 있다. 먼저 가장 좌측의 포도를 클릭하면 여러 문구가 뜨게 되는데 그중에서도 상단의 "Manage Space"를 누르면 공간 예약 및 맵 삭제 등을 할 수 있는 매니지 화면으로 넘어가게 되며, 하단의 "Settings"를 누르면 해당 맵의 세팅 영역이 뜨게 된다.

가장 우측 하단의 사람 모양 버튼인 참가자 리스트를 누르면 현재 맵에 접속하고 있는 모든 사람의 이름이 보이게 된다.

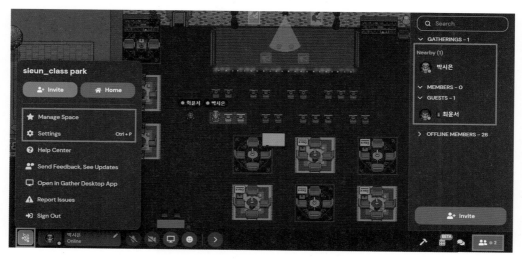

[그림 2-2-10] 게더타운 화면 소개–세팅, 참가자

또한, 비디오 및 오디오 설정, 화면 공유 등은 좌측 하단의 붉은색 박스를 클릭하면 된다. 채팅은 우측 하단 참가자 버튼 옆에 말풍선 버튼을 누르면 채팅창이 열린다.

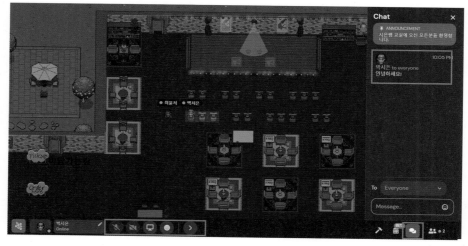

[그림 2-2-11] 게더타운 화면 소개–오디오, 비디오 설정, 채팅

오브젝트와 맵 메이커를 열기 위해서는 우측 하단의 망치 모양인 빌드를 클릭하면 열린다. 게더타운은 자주 업데이트가 일어나는 관계로 추후 해당 위치들이 조금씩 변경은 될수 있지만, 기본 기능은 크게 변함이 없으므로 대표 메뉴 버튼을 익혀 사용하도록 하자.

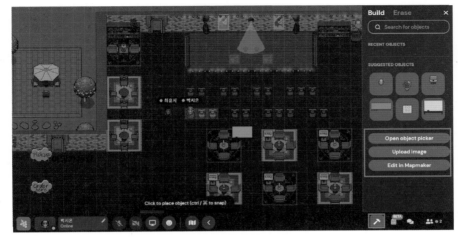

[그림 2-2-12] 게더타운 화면 소개 - 빌드

1) 이름 및 캐릭터 변경

맵으로 입장할 때 이름을 변경하지 못한 경우라면 맵 안에 들어와서 얼마든지 변경이 가능하다. 화면 좌측 하단의 이름을 클릭하면 "Edit" 창이 열리면서 이름을 수정할수 있다.

교육을 진행할 때 조별 모임이나 학년, 부서 등으로 구분할 때도 이름 변경을 활용하면 더욱 보기 쉽게 정렬된다.

아울러 이름 아래의 "Change Character" 버튼을 누르면 내 캐릭터 변경을 할 수 있다.

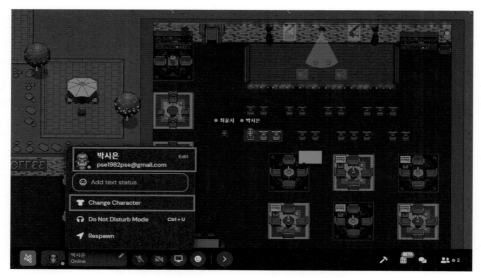

[그림 2-2-13] 맵 안에서 이름 변경하기

2) 움직이기, 상호작용하기, 고스트모드, 댄스, 이모티콘 단축기 모음

게더타운은 다양한 단축키로 내 캐릭터를 움직일 수 있으므로 미리 익혀두면 편리하다. 이동을 위해서는 키보드의 방향키나 ASDW 키를 눌러 상하좌우 이동하도록 하며, 오브젝트의 상호작용은 X키를 눌러 영상, 이미지, 웹사이트 등을 확인할 수 있다.

또한, 캐릭터들이 한 공간에 몰려 있는 경우 막혀서 이동이 안 된다. 그럴 때는 G키를 눌러 유령처럼 투명하게 변하는 고스트로 변신하여 이동이 가능하다.

아울러 숫자키를 활용하면 캐릭터 머리 위에 감정 이모티콘 표시가 되는데 예시로 2번을 누르면 이렇게 하트가 뜨고 사라진다.

[그림 2-2-14] 게더타운 단축키 안내

(1) 상호작용하기

게더타운이 교육, 회의 등에 강한 이유는 참여자들이 자발적으로 이동하고, 동시에 자료 등을 자유롭게 볼 수 있기 때문이다. 맵 제작자가 "환영합니다!"라는 메모가 열리도록 설정해 둔 오브젝트 앞에 서면 "Press X to interact" 즉 "X키를 눌러 상호작용해 보세요"라는 문구가 자동으로 뜨게 되며, 이때 X키를 누르면 메모가 열리게 된다.

[그림 2-2-15] 상호작용 예시

(2) 맵 안에서 다른 사람을 바로 찾는 방법: Locate on map, Follow

게더타운에서 활동하다 특정인을 빠르게 찾고 싶은 경우는 좌측 하단의 사람 모양을 클릭하여 이름에 커서를 두고 왼쪽 클릭 후 Locate on map 혹은 Follow 버튼을 클릭하면 된다.

▶ Locate on map: 좌측 하단의 사람 버튼을 눌러 찾고자 하는 이름을 클릭 후 Locate on map을 눌러 준다.

[그림 2-2-16] Locate on map 찾기

이 경우 캐릭터가 해당 캐릭터를 향해 자동으로 움직이지는 않지만 찾아갈 수 있는 선이 생기며 해당 선을 따라 이동하면 만날 수 있다. 해제하고 싶을 때에는 화면 하단의 Stop locating을 클릭해 준다.

[그림 2-2-17] Locate on map을 한 경우 상대방을 찾아가는 길이 생성된다.

▶ Follow: 캐릭터가 그 사람을 향해 자동으로 이동한다. 한 번 팔로우를 하면 내 캐릭터가 해당 특정인을 계속 따라다니게 되므로 처음 입장해서 맵을 투어하거나 수업 중 선생님을 따라다니게 할 때 유용하게 사용할 수 있다.

아울러 팔로우를 멈추고 싶은 경우는 화면 하단의 Stop follwing을 누르거나 방향키를 누르면 자동으로 해지된다.

[그림 2-2-18] 게더타운 참여자 팔로우하기

▶ Request to Lead: 나를 팔로우하도록 권유하기

상대방에게 나를 따라다니길 원하는 경우 팔로우하도록 권유할 수 있으며 Request to Lead 버튼을 누른다.

[그림 2-2-19] Request to Lead 설정하기

[그림 2-2-20] 수락 및 거절

그럼 이렇게 팔로우를 하겠냐는 메시지가 전달이 되며, Accept을 누르면 수락이 되어 따라다니게 되고 Decline을 누르면 반응하지 않게 된다.

(3) 이모티콘으로 의사 표시하기

　화면 중앙 우측에 웃는 이모티콘을 누르면 의사 표시를 할 수 있는 아이콘들이 보이게 되는데, 해당 버튼을 바로 눌러도 되고 단축키인 숫자를 눌러도 괜찮다. 참고로 1~5번을 누르게 되면 약 2초 뒤 바로 사라지지만, 6번 손을 든 아이콘은 다시 눌러서 취소하기 전까지 사라지지 않는다.

　또한, 손의 경우는 이름 옆에 손 모양이 생기면서 이름이 가장 위로 올라오게 되므로 질문을 하고 싶거나 도움이 필요할 때는 손 버튼을 사용해 보자.

[그림 2-2-21] 숫자키로 의사 표시하기

(4) 채팅 및 공지사항 등록하기

게더타운 내에 있는 참가자들은 서로 대화를 자유롭게 나눌 수 있으며, 좌측 하단의 말풍선 버튼을 누르면 채팅창이 활성화된다.

▶ Everyone: 모든 참가자가 보도록 메시지를 적을 때 사용한다.

▶ Nearby: 가까이 있는 캐릭터만 보게 할 때 사용한다.

▶ Name: 특정인에게만 메시지를 보낼 때에는 해당 이름을 클릭하고 메시지를 발송한다. 이 경우 오직 당사자만 메시지를 확인할 수 있다.

[그림 2-2-22] 게더타운에서 채팅으로 의사 소통하기

[그림 2-2-23] 채팅의 종류

또한, 메시지창 위에 공지 사항을 등록하고 싶은 경우는 공간 대시보드를 열어 "Space Preferences"를 클릭하고 "Pinned moderator message"란에 공지 사항 문구를 넣고 Save 를 누르면 채팅창 상단에 고정으로 보이게 된다.

[그림 2-2-24] 공지사항 등록하기

(5) 화면 공유하기 – 파일 공유, 소리 공유

많은 메타버스 플랫폼 중 게더타운이 각광받고 있는 이유는 줌을 대체할 수 있는 기능들이 있기 때문이다. 대표적으로 얼굴을 보며 이야기할 수 있는 오디오 비디오 기능, 실시간 채팅을 할 수 있는 기능 그리고 화면을 공유할 수 있는 기능이 있다. 발표를 할 때 사용하고자 하는 PPT 자료를 비롯해 사이트 공유까지 가능하므로 필요한 자료는 미리 활성화시켜 두도록 한다.

파일을 공유할 때는 '창'을 눌러 자료를 클릭한 후 공유 버튼을 누르면 되며, 다른 웹사이트를 공유할 때에는 'Chrome 탭'을 클릭하여 사이트 선택 후 공유를 누르면 된다.

[그림 2-2-25] 화면 공유하기

소리를 공유하고자 할 때에는 시스템 오디오 공유를 클릭하여 영상 파일을 공유할 수도 있고, 유튜브 등 별도의 웹사이트 소리를 공유할 때에는 탭 오디오 공유를 같이 누르도록 한다.

[그림 2-2-26] 소리 공유하기

(6) 초대하기 – 링크 전달, 기간 설정하여 초대

내가 만든 게더타운에 타인을 초대하고 싶은 경우 좌측 하단의 Invite 버튼을 클릭하여 Copy Link를 누른다. 이때 초대 링크는 1시간, 6시간, 12시간, 하루, 일주일, 한 달 동안 유효하도록 설정 후 복사해서 보낼 수 있으며, 바로 전달하는 경우에는 주소창의 주소를 바로 복사해서 전달해도 괜찮다.

또한, 초대 링크를 전달받은 경우 별도 회원 가입을 하지 않아도 해당 게더타운으로 바로 입장이 가능하다.

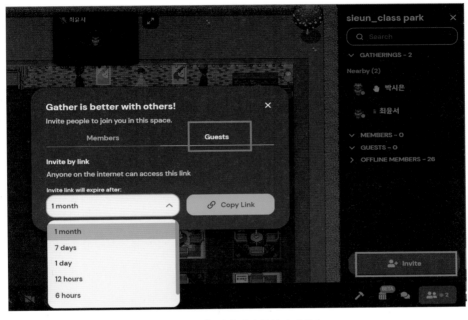

[그림 2-2-27] 일정 기간 동안 초대하기

[그림 2-2-28] 게더타운 맵 링크 복사

2) 움직이기, 상호작용하기, 고스트모드, 댄스, 이모티콘 단축기 모음   59

▶ TIP: 초대 링크로 전달받은 게더타운을 모바일로 입장할 때 바로 클릭하면 크롬 창에서 열어 달라는 메시지가 뜨면서 안 열리는 경우가 있다.

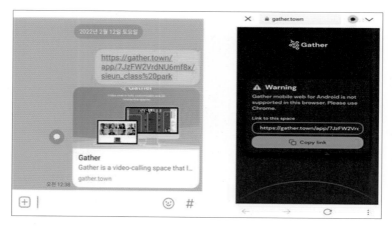

[그림 2-2-29] 모바일 초대 링크 클릭 및 주소 복사

이럴 때에는 크롬창을 열어 주소창에 복사한 주소를 붙여 넣어 접속하면 되며 PC와 동일하게 캐릭터 및 이름, 오디오, 비디오 등을 설정할 수 있다.

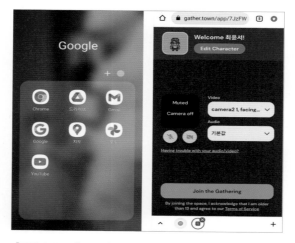

[그림 2-2-30] 크롬창을 열어 주소를 붙여 넣어 입장하기

모바일로 돌아다니면서 상호작용 구간 앞에서는 우측 하단의 X 버튼을 눌러 자료를 열 수 있다.

[그림 2-2-31] 스마트폰으로 입장하는 모습

(7) 스포트라이트 기능

게더타운은 앞서 설명한 바와 같이 캐릭터끼리 거리가 멀어지면 소리가 잘 들리지 않기 때문에 진행자의 소리 역시 듣지 못하는 경우가 발생할 수 있다. 따라서 이런 경우 진행자의 개별 스포트라이트를 켜서 말을 하면 같은 방에 있는 사람들은 모두 소리를 전달받을 수 있다.

다만 100명이 넘는 경우는 끊김 현상이 발생될 수 있으므로 주의한다.

이름을 클릭하고 Sportlight 버튼을 클릭한다.

[그림 2-2-32] 스포트라이트 설정하기

[그림 2-2-33] 수락 및 거절

스포트라이트가 부여되면 이름이 주황색 배경으로 변경된다. 이 상황에서 말을 하면 한 공간 안에서는 어디서 이야기를 하든 소리를 모두 전달할 수 있게 된다. 다만 스포트라이트는 참여자인 경우 반드시 호스트가 지정해 주는 경우에만 사용할 수 있다.

(8) 차단 및 강퇴시키기

게더타운을 사용하다 보고 싶지 않은 상대방이 있는 경우 해당 캐릭터의 비디오와 오디오를 차단할 수 있다. 사용자의 이름을 클릭한 후 오른쪽 상단에 있는 점 3개 버튼을 누르고 "Block" 버튼을 클릭하면 비디오 영역에 빨갛게 Unblock이라는 표시가 뜨며, 상대방의 비디오와 오디오만 차단될 뿐 상대방은 맵에는 그대로 남아 있다.

[그림 2-2-34] 차단하기-Block

맵에서 강퇴시켜야 하는 경우가 생기면 역시 이름을 클릭한 후 오른쪽 상단의 점 3개 버튼을 눌러 "Kick from space"를 클릭하면 "Kick user from space"라는 문구가 뜨게 된다. Kick user 붉은색 버튼을 클릭하면 해당 유저는 맵에서 강퇴되지만 다시 접속을 하면 재입장이 가능하다.

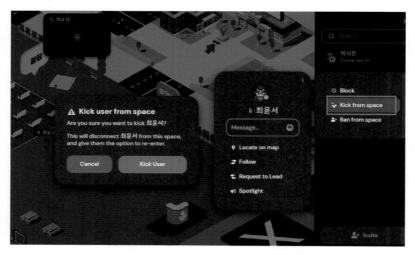

[그림 2-2-35] 강퇴시키기-Kick from space

마지막으로 "Ban from space"를 클릭하면 호스트가 Ban을 풀어 주기 전까진 해당 맵에 들어와도 검은 화면으로만 보인다.

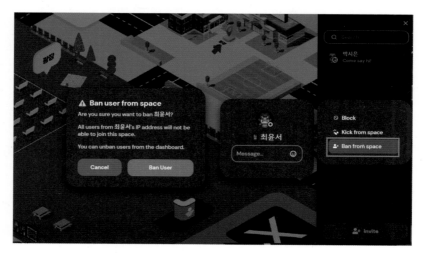

[그림 2-2-36] 접근 금지시키기-Ban from space

3) | 오브젝트 추가 및 상호작용 설정하기

(1) 오브젝트 추가하기

오브젝트란 게더타운 안에 원하는 공간을 꾸미고 싶을 때 넣는 소품을 뜻한다. 좌측에서 망치 모양의 버튼을 클릭하면 Build창이 뜨면서 설치할 수 있게 활성화된다. Build창 중앙에 Open object picker 버튼을 누르면 게더타운 내에서 사용할 수 있는 모든 오브젝트가 열리게 된다.

[그림 2-2-37] 오브젝트창 활성화하기

오브젝트창을 열면 좌측에 카테고리가 보이게 된다. 예를 들어 Office Decor를 누르면 사무실에 필요한 용품들이 뜨게 되고, Plant를 누르면 식물 아이콘들이 보이게 된다.

(2) 상호작용 설정하기

모든 오브젝트는 웹사이트, 이미지, 비디오, 줌, 메모 연동 등 상호작용을 걸어둘 수
있다. 우선 Open object picker 버튼을 클릭하여 오브젝트창을 열고, 넣고 싶은 오브젝
트를 클릭하면 우측에 해당 오브젝트에 어떠한 Interactions 효과, 즉 어떤 상호작용을
연결할 것인지 설정창이 보이게 된다.

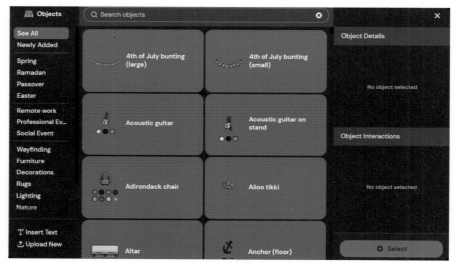

[그림 2-2-38] 모든 오브젝트를 선택할 수 있는 object picker창

(3) 상호작용 없이 오브젝트만 삽입하기

오브젝트에 별도로 상호작용 효과를 연동하고 싶지 않을 때에는 No Interection을
클릭하고 Select 버튼을 누르면 오브젝트가 삽입되는데, 캐릭터가 가까이 다가가도 어
떠한 변화도 없게 된다.

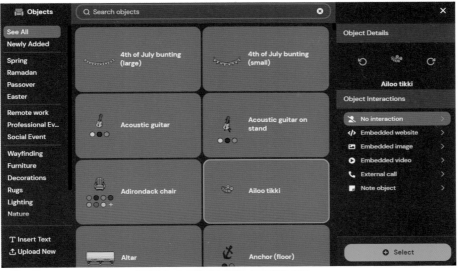

[그림 2-2-39] 오브젝트 상호작용 설정

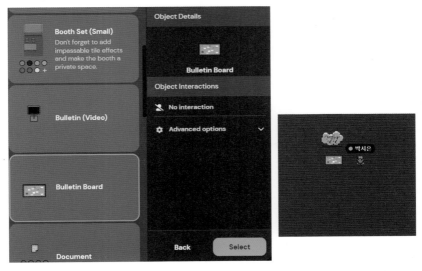

[그림 2-2-40] 상호작용이 걸리지 않은 오브젝트

(4) 웹사이트 연결하기

오브젝트를 클릭 후 "Embedded website"를 클릭하면 연동하고자 하는 웹사이트 주소를 넣을 수 있다. 참고로 hppts 형태의 주소만 유효하며 주소를 URL 칸에 넣고 Select를 클릭하면 상호작용 효과가 심어진 오브젝트가 생성되며, 가까이 다가가면 "Press X to interect"라는 문구가 자동으로 뜨게 된다. 이때 상호작용 X키를 누르면 웹사이트가 바로 연결된다.

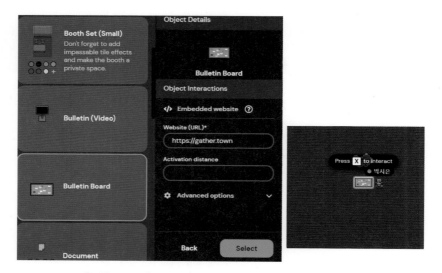

[그림 2-2-41] 웹사이트 연결 상호작용이 설정된 오브젝트

화면을 닫고자 할 때는 우측 상단의 X 버튼을 클릭하면 다시 원래 맵으로 돌아온다.

[그림 2-2-42] 웹사이트 연동

(5) 이미지 연결하기

오브젝트를 클릭 후 "Embedded image"를 클릭하면 연결하고자 하는 이미지를 넣을 수 있다. 포스터 혹은 사진 등 X키를 눌렀을 때 크게 띄워서 보여 주고 싶은 사진은 Imgae에 넣고, 미리보기 팝업을 띄우려면 Preview image에 넣는다.

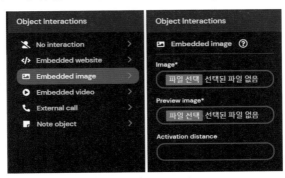

[그림 2-2-43] 이미지 연동

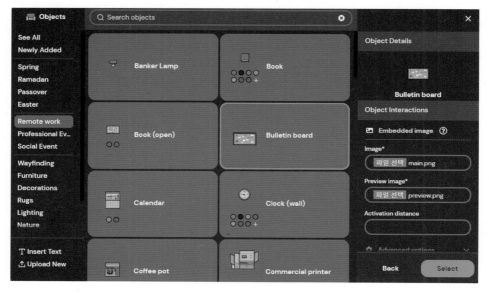

[그림 2-2-44] 파일 선택 완료

Image 부분은 X키를 눌렀을 때 크게 보일 이미지를 선택해서 업로드한다.

예시는 필자가 직접 제작했던 부천시 사회적경제센터 맵의 위치 설명을 하는 지도 사진을 Image 영역에 넣어 연결한 사진이다.

[그림 2-2-45] Image 영역 예시 [출처: 부천시사회적경제센터 게더타운 맵 / 박시은 강사 제작]

또한, Preview는 캐릭터가 가까이 다가가기만 해도 하단에 자동으로 뜨는 팝업 개념으로 해당 맵에서는 각 건물의 위치를 설명하는 데 활용을 했다. Preview용 이미지를 별도로 제작하여 해당 영역에 업로드하면 된다.

[그림 2-2-46] Preview image 영역 예시 [출처: 부천시사회적경제센터 게더타운 맵 / 박시은 강사 제작]

3) 오브젝트 추가 및 상호작용 설정하기　71

(6) 비디오 연결하기

오브젝트를 클릭 후 "Embedded video"를 클릭하면 비디오를 연결할 수 있다. 내가 가지고 있는 영상 원본을 올리는 것이 아니라 영상 사이트에 업로드 후 해당 URL을 가져오면 되는데, 대표적으로 유튜브와 비메오를 활용한다. 유튜브 혹은 비메오에 영상이 업로드된 경우 링크를 바로 복사해서 URL 부분에 삽입하면 X키를 눌렀을 때 해당 영상이 플레이된다.

[그림 2-2-47] 비디오 연동

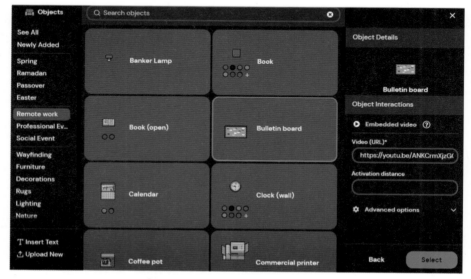

[그림 2-2-48] 비디오 URL 선택 완료

오브젝트를 선택하고 Video(URL)이라고 된 영역에 유튜트에서 복사한 링크를 붙여 넣는다.

유튜브 링크는 영상 하단의 공유 버튼을 눌러 링크를 복사하면 된다.

[그림 2-2-49] 유튜브 링크 복사하기

URL을 넣고 초록색 Select 버튼을 누르면 오브젝트가 설치되며, 아바타가 가까이 다가가면 좌측 하단에 자동으로 유튜브 미리보기 화면이 보이며, 해당 상태에서 X키를 클릭하면 유튜브 영상이 연동된다.

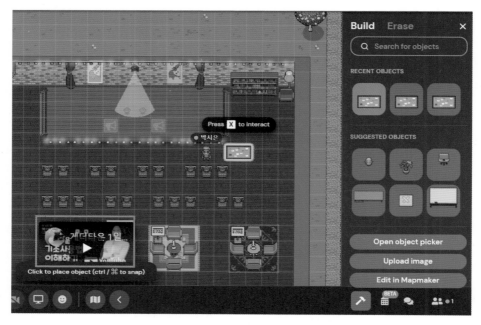

[그림 2-2-50] 유튜브 영상 미리보기 화면 자동 생성

[그림 2-2-51] 유튜브 영상 시청

(7) 줌 연결하기

줌 회의를 연결시켜 놓고 싶은 경우는 External call에서 줌 URL을 붙여 넣으면 X키를 눌렀을 때 줌 회의로 넘어가게 된다. 이때 줌에서 게더타운으로 다시 넘어오는 버튼은 없으며, 게더타운으로 돌아오고 싶을 때에는 게더타운 창을 새롭게 접속하면 된다.

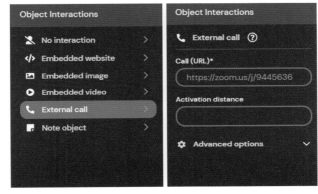

[그림 2-2-52] 줌 링크 연동

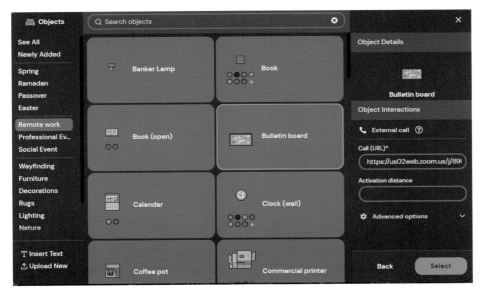

[그림 2-2-53] 줌 링크 선택 완료

맵에서 X키를 누르면 줌으로 넘어가는 화면이 열리게 되며 해당 화면에서 URL을 클릭하면 바로 줌 회의로 이동된다.

[그림 2-2-54] 줌으로 넘어가는 화면

(8) 메모 연결하기

마지막으로 메모를 걸어둘 수 있는데 Message 칸에 넣고 싶은 메시지를 넣으면 X키를 눌렀을 때 해당 메시지가 뜨게 된다.

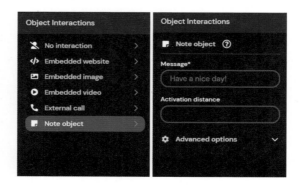

[그림 2-2-55] 메모 연동

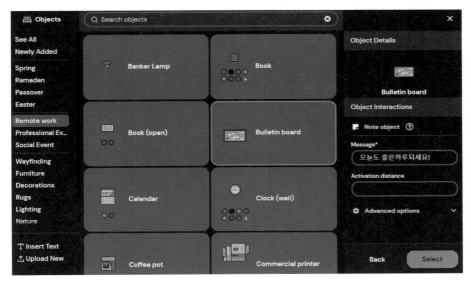

[그림 2-2-56] 메모 작성 완료

[그림 2-2-57] 메모 확인

3) 오브젝트 추가 및 상호작용 설정하기 77

4) │ 오브젝트 삭제하기

설치한 오브젝트를 삭제하기 위해서 좌측의 망치(Build)를 누르고 상단의 Erase를 클릭하면 지우개가 활성화된다. 삭제하고 싶은 오브젝트 위에 커서를 대면 빨갛게 테두리가 나타나고 클릭하면 오브젝트가 삭제된다.

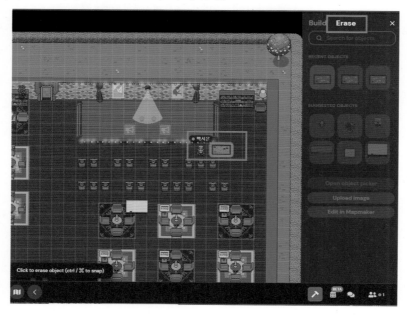

[그림 2-2-58] 오브젝트 삭제

5) │ 글자에 상호작용 넣기

맵에 글자를 넣고 싶은 경우 Open object picker를 눌러 Insert Text를 선택하고 삽입하고 싶은 문구를 넣어 준다. 이때 오른쪽의 Font size에서 글자 크기를 설정하고 Create and select를 눌러 준다. 만약 글자 자체에 인터렉션 효과를 걸고 싶다면 역시 가능하다.

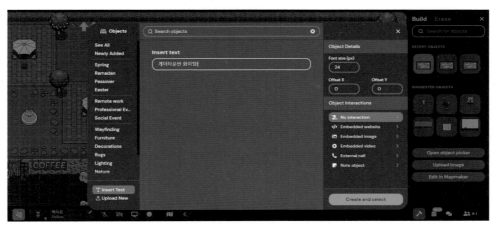

[그림 2-2-59] 텍스트 삽입

텍스트에 효과가 적용된 경우 아바타가 다가가면 테두리가 노랗게 바뀌게 된다.

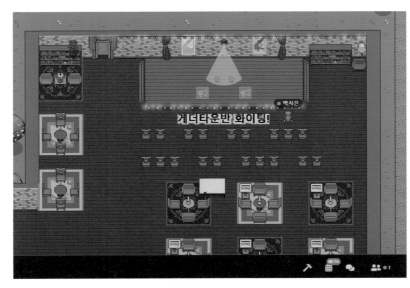

[그림 2-2-60] 텍스트에 상호작용 효과가 적용된 모습

6) | 내 이미지에 상호작용 넣기

또한, 오브젝트 외 내가 가지고 있는 이미지를 사용하고 싶을 때에는 빌드를 활성화시켜 Upload image를 클릭하여 이미지를 업로드한다. 이때 이미지가 너무 클 경우 맵 전체를 가릴 수도 있기 때문에 적절히 조절하여 사용하도록 한다. 게더타운 자체에서는 이미지를 확대 및 축소하는 기능이 없기 때문에 반드시 사전에 줄여서 업로드해야 한다.

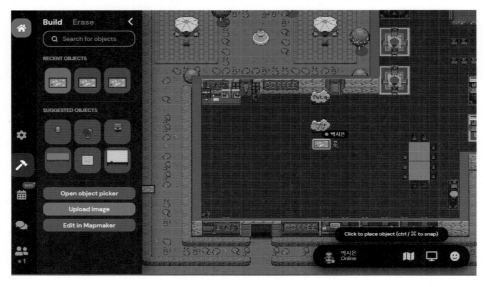

[그림 2-2-61] 이미지 업로드

이미지를 "Drag image or clik to upload" 영역에 드래그해서 끌어다 놓거나 클릭을 해서 이미지를 가져온다. 오브젝트 이름을 입력 후 우측 하단의 "Create and select" 버튼을 클릭한다.

[그림 2-2-62] 이미지 업로드

이미지를 끌어다 놓고 다른 오브젝트와 마찬가지로 효과를 걸 수 있는데 웹사이트, 이미지, 비디오, 메모 등을 연동시키고 "Create and select"를 눌러 이미지를 넣어 본다. 효과를 넣은 경우는 가까이 다가갔을 때 예시 이미지와 같이 노란색 테두리가 생기게 된다.

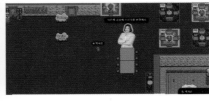

[그림 2-2-63] 업로드한 이미지에 효과 걸기

7) 고급 옵션 설정하기-프롬프트 메시지, 오브젝트 이미지, 엑티브 이미지

오브젝트에 다양한 효과를 주는 것 외에 고급 옵션을 선택해서 넣을 수도 있다. 오 브젝트 하단의 "Advanced options"를 클릭하여 고급 옵션을 열어 준다.

[그림 2-2-64] 고급 옵션 선택하기

가장 위에 있는 "프롬프트 메시지(Prompt message)"를 클릭하면 아이콘 가까이 다가갔 을 때 메시지를 띄울 수 있다. "오브젝트 이미지(Object image)"는 오브젝트의 원래 이미 지로 설정할 수 있고 "엑티브 이미지(Active image)"는 아바타가 가까이 다가갔을 때 바 뀌는 이미지다.

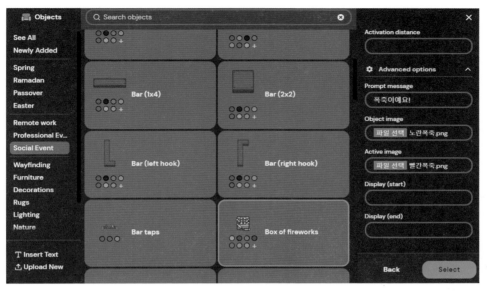

[그림 2-2-65] Object image, Active image 선택 완료

책의 예시에서는 원래 오브젝트는 노란 폭죽 상자였다가 가까이 다가가면 빨간 폭죽 상자로 바뀌는 모습으로 표현해 보았다. 이 기능을 활용하면 상자가 닫혀 있다가 가까이 가면 상자 뚜껑이 열리는 등 다양한 표현을 해볼 수 있다.

[그림 2-2-66] 오브젝트 고급 옵션

03 게더타운 실전

1. 맵 메이커 활용법

　지금까지는 게더타운 맵에서 Open object picker를 열어 오브젝트를 넣고 삭제하고 상호작용 효과를 거는 방법을 알아보았다. Part 6에서 알아볼 맵 메이커는 맵을 제작하는 데 있어 타일 효과를 넣고 방을 추가하는 등 다양한 기능을 쓸 수 있는 공간이다.

1) 맵 메이커 들어가기

　맵 메이커로 들어가기 위해서는 맵에서 망치 버튼을 눌러 Build를 활성화하고 하단의 "Edit in Mapmaker"를 선택한다.

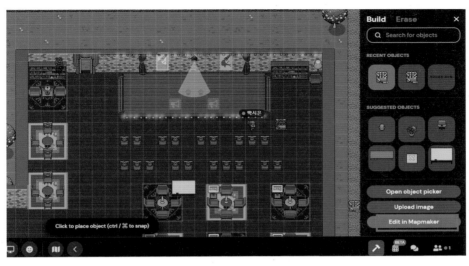

[그림 2-3-1] 맵 메이커 열기

맵 메이커를 열고 가장 먼저 좌측 상단의 삼선을 클릭하면 4개의 메뉴가 보인다.

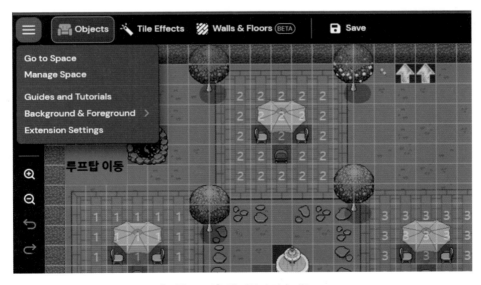

[그림 2-3-2] 맵 메이커 좌측 메뉴

▶ Go to Space: 내가 개설한 방으로 들어가기 위해 새롭게 입장하는 화면이 열리게 된다.

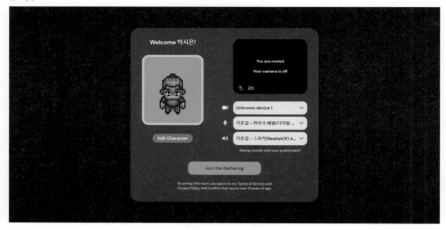

[그림 2-3-3] Go to Space 클릭 시 연결되는 화면

▶ Manage Space: 해당 맵을 관리하는 대시보드가 열린다.

대시보드의 역할은 공간 예약, 공간 설정, 사용자 추가, 맵 삭제 등이 있다.

게더타운은 무료로 참가 가능한 인원이 25명이므로 그 이상인 경우는 사전에 인원 수만큼 비용을 지급해 두어야 한다. 2시간은 1인당 2달러, 하루는 1인당 3달러이다.

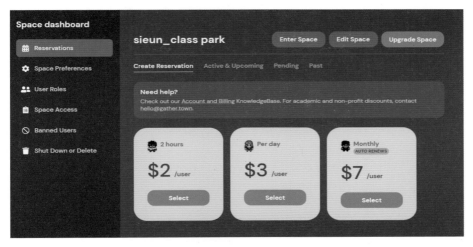

[그림 2-3-4] Manage Space 클릭 시 연결되는 화면

책의 예시에서는 하루에 80명이 들어온다는 가정 아래 1인당 3달러를 골라 Select를 눌러 보았다. 가장 위에 인원수를 넣고 시간은 서울 시간으로 설정한다. 시작 시간과 종료 시간을 넣으면 자동으로 비용이 계산되어 보여 준다.

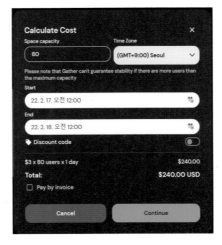

[그림 2-3-5] 접속 인원 사전 예약하기

Continue 버튼을 클릭하면 카드 정보 및 주소를 입력하는 화면이 보이고, 해당 정보를 넣고 나면 결제가 완료되면서 예약이 된다.

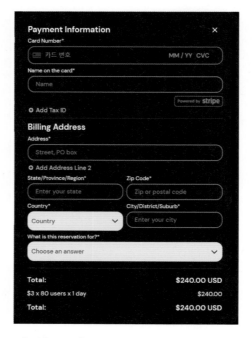

[그림 2-3-6] 접속 인원 사전 예약 결제하기

▶ Background & Foreground: 배경과 전경을 업로드 혹은 다운로드할 수 있다.

먼저 Upload Background를 클릭하면 내가 가지고 있는 이미지를 업로드하여 배경으로 만들 수 있다.

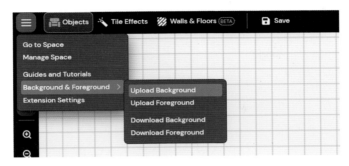

[그림 2-3-7] Background & Foreground

배경 이미지를 업로드하는 경우 기존의 벽과 바닥은 삭제된다는 메시지가 뜨며, 계속할 때는 Yes 버튼을 클릭하면 된다.

[그림 2-3-8] 업로드 시 뜨는 경고 메시지

Update background에 Upload a background를 눌러 이미지를 가져온다.

[그림 2-3-9] 배경 업로드 버튼

PC에 저장된 이미지를 선택하고 열기 버튼을 누른다. 반드시 이미지 파일을 선택해야 한다.

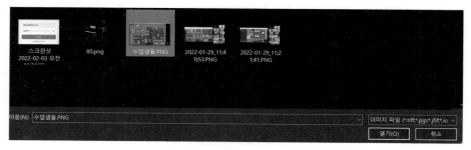

[그림 2-3-10] 이미지 선택

이미지가 업로드된 모습이며 해당 활용법은 뒤에서 더욱 자세하게 소개하도록 하겠다.

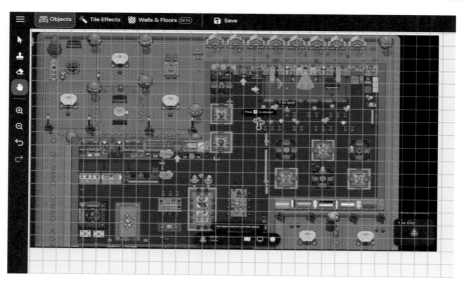

[그림 2-3-11] 업로드한 이미지로 배경이 바뀐 모습

다음은 배경 이미지를 다운로드하는 방법이다. Download Background를 클릭한다.

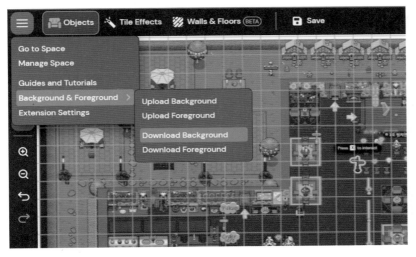

[그림 2-3-12] 배경 다운로드하기

그러면 이렇게 다운로드할 수 있는 새로운 창이 뜨게 되며, 오른쪽 클릭을 하여 이미지를 다른 이름으로 저장을 하게 되면 내 PC에 다운로드된다.

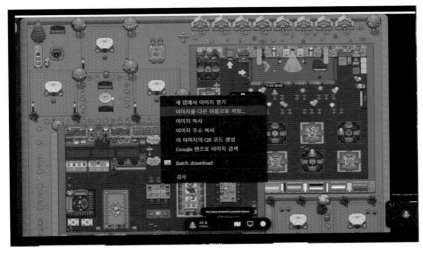

[그림 2-3-13] 이미지를 다른 이름으로 저장하기

다음은 맵 메이커를 처음 열었을 때 보이는 전체 화면이며 좌측의 버튼은 총 8개가

있다. "Select" 버튼은 오브젝트를 선택하는 버튼이다. 바로 가는 단축키는 V이며 해당 아이콘을 클릭하고 오브젝트를 클릭하면 위치를 이동할 수 있게 된다.

"Stamp" 버튼은 무언가를 생성하는 버튼이다. 바로 가는 단축키는 B이며 오브젝트, 타일 효과, 벽, 바닥 등을 만들 때 사용한다.

"Eraser" 버튼은 무언가를 삭제하는 버튼이다. 바로 가는 단축키는 E이며 생성했던 오브젝트, 타일 효과, 벽, 바닥 등을 지울 때 사용한다.

"Hand" 버튼은 맵을 움직일 때 사용하는 버튼이다. 바로 가는 단축키는 H이며 맵 영역을 클릭하고 보고 싶은 방향대로 맵을 움직일 수 있다.

"Zoon in" 버튼은 맵 사이즈를 키울 때 사용하며 컨트롤을 누른 상태에서 마우스 휠을 위로 올려도 맵이 확대된다.

"Zoon out" 버튼은 맵 사이즈를 줄일 때 사용하며 컨트롤을 누른 상태에서 마우스 휠을 아래로 내리면 맵이 축소된다.

"Undo" 버튼은 이전 작업으로 돌아갈 때 사용하며 단축키는 컨트롤+Z이다.

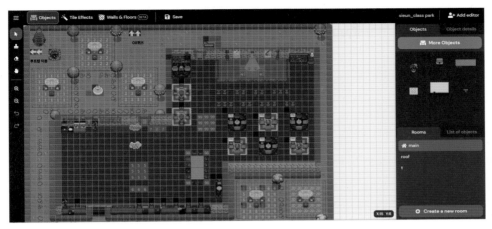

[그림 2-3-14] 맵 메이커 화면

상단의 메뉴는 다음과 같다.

Objects 맵 메이커의 오브젝트는 게더타운 맵에서 Build를 활성화시켜 오브젝트를 넣었던 것과 동일한 기능이다.

Tile Effects 맵 메이커는 다섯 가지 타일 효과가 있는데 Tile Effects, 즉 타일 효과는 맵 안에서 길 막기, 순간 이동하기 등의 효과를 넣는 버튼이다.

Walls & Floors (BETA) 벽과 바닥을 깔 수 있는 버튼이다.

Save 맵 메이커에서 수정을 하고 난 다음에는 반드시 Save 버튼을 눌러 저장한다.

2) 오브젝트 추가하기

(1) 오브젝트 불러오기(More Objects)

오브젝트는 맵에서 바로 넣는 것과 맵 메이커에서 넣는 것이 동일하지만 맵 메이커에서 넣는 경우는 이동 및 복사, 인터렉션 수정을 할 수 있기 때문에 편리하게 제작할 수 있다. 오브젝트를 넣기 위해서는 반드시 상단에서 Objects를 먼저 클릭하고 Stamp를 누른 뒤 "More Objects"를 눌러 오브젝트창을 연다.

[그림 2-3-15] 맵 메이커에서 오브젝트 이용하기

More Objects를 클릭하면 맵에서 열었던 Open object picker와 같은 오브젝트 선택 화면이 열리게 된다.

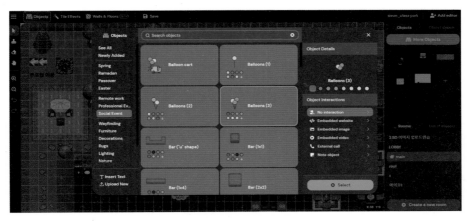

[그림 2-3-16] More Objects 열기

또한, 오브젝트에 상호작용 효과를 적용한 경우 게더타운 맵에서 열었을 때는 수정이 되지 않지만, 맵 메이커에서 해당 오브젝트를 클릭하면 URL을 비롯해 이미지, 메모 내용, 상호작용이 활성화되는 거리(Activation distance) 등 거리 수치를 수정할 수 있다.

[그림 2-3-17] 맵 메이커에서 오브젝트 상호작용 수정하기

(2) 비밀 문 추가하기

비밀 문을 추가하기 위해 좌측 상단의 메뉴바를 누르고 "더 많은 세팅(Extension Settings)"을 클릭한다.

[그림 2-3-18] 맵 메이커에서 Extension Settings 열기

다양한 Extensions 효과 중에서 두 번째 있는 비밀 문(Password Door)을 클릭하고 "작동시키기(Activate Extension)" 버튼을 클릭하고 "변경하기(Apply changes)"를 클릭하여 오브젝트 영역에 추가해 준다.

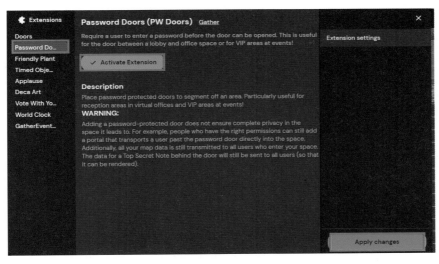

[그림 2-3-19] 비밀 문 설치하기

추가한 뒤 오브젝트를 열어 보면 좌측 하단에 비밀 문(Password Door)이 추가되어 있는 것이 확인된다. 하나를 선택하고 선택(Select)을 눌러 맵에 추가해 준다.

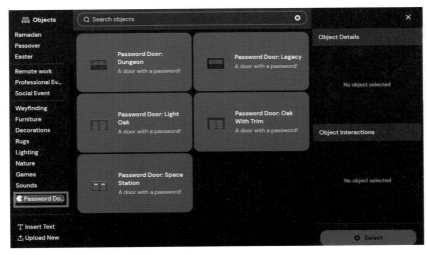

[그림 2-3-20] 오브젝트 영역에 추가된 비밀 문

추가된 비밀 문 앞에 다가가면 "X키를 눌러 상호작용(Press X to interact)" 문구가 뜬다. 그러면 X키를 눌러 준다.

[그림 2-3-21] 맵에 비밀 문 설치 완료

X키를 누르면 "This area is password pretected(이 구역은 비밀번호로 보호되고 있습니다)" 라는 문구가 뜨게 된다. 하지만 아직 비밀번호를 설정하기 않았기 때문에 하단의 "Edit"를 눌러 비밀번호를 추가한다.

[그림 2-3-22] 비밀번호 설정하기

Admin Settings 화면이 열리면 가장 윗줄과 두 번째 줄에 질문 및 힌트를 적어 주고, 셋째 줄에 정답을 적어 주고 Save를 눌러 준다.

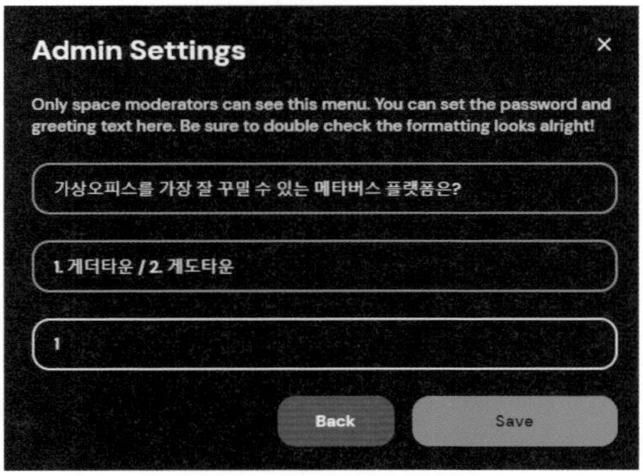

[그림 2-3-23] 비밀번호 설정 화면

설정한 다음, 다시 X키를 눌러서 설정한 대로 화면이 보이면 비밀번호를 입력하고 Submit 버튼을 클릭해 준다.

[그림 2-3-24] 설정한 비밀번호 입력하기

맞는 비밀번호를 입력하면 해당 이미지처럼 문이 열리지만, 틀린 비밀번호를 입력하게 되면 다시 시도해야 한다.

[그림 2-3-25] 열린 비밀 문

▶ 비밀 문 활용 tip: 비밀 문의 질문을 맞춰야 문이 열리므로 방 탈출을 시도해도 좋고 방에서 다른 방으로 넘어가는 문으로 활용해도 좋다.

(3) 화분에 식물 키우기

게더타운의 재미있는 기능 중 하나는 식물을 기를 수 있다는 점이다. 아까 비밀 문을 설정했던 방법처럼 맵 메이커에서 메뉴 버튼을 누른 다음, "Extension Settings"를 눌러 "Friendly Plant"를 클릭하고, "Activate Extension"을 누르고 "Apply Changes"를 클릭한다.

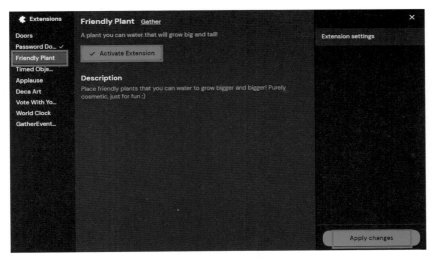

[그림 2-3-26] 화분에 식물 키우기 설치하기

추가한 뒤 오브젝트를 열어, 좌측 하단에 추가된 Friendly Plant를 선택하고 Select를 눌러 맵에 추가해 준다.

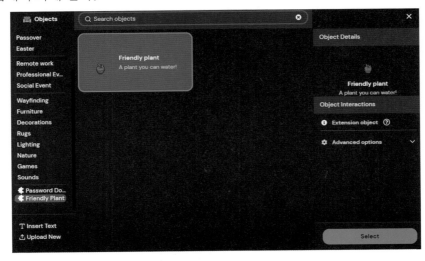

[그림 2-3-27] 오브젝트 영역에 추가된 화분에 식물 키우기

오브젝트를 선택 후 맵에 설치하고 다가가면 X키를 누르라는 문구가 뜬다. X키를 누르면 화분 안의 식물이 조금 자라나는 것이 확인된다. 식물은 한 시간 간격으로 물을 주며 키울 수 있다.

[그림 2-3-28] 물주기 전과 후

2. 타일 효과 적용하기

타일 효과는 게더타운 맵을 구축함에 있어 가장 중요한 요소들이 모여 있으며, "Tile Effects"를 클릭하면 우측 메뉴 버튼에 5가지 기능이 생성된다.

1) 임패서블(Impassable): 캐릭터가 지나가지 못하도록 길을 막는 기능

가장 위에 붉게 표시된 버튼이며 클릭 후 Stamp 버튼을 누르면 아래 예시와 같이 진한 붉은색이 활성화된다. 이 상태는 현재 Impassable 기능을 추가할 수 있는 상태라는 뜻이며 붉게 지정해 둔 영역은 캐릭터가 지나다닐 수 없다.

[그림 2-3-29] 타일 효과 중 임패서블 기능

Tile Effects를 먼저 클릭 후 Impassable -〉 Stamp를 눌러 가로막고 싶은 지점을 클릭 혹은 드래그한다. 보통은 벽면 혹은 현실 세계에서도 뚫고 다니지 않는 책상, 의자, 나무 등의 물체에 임패서블 영역을 지정해 둔다.

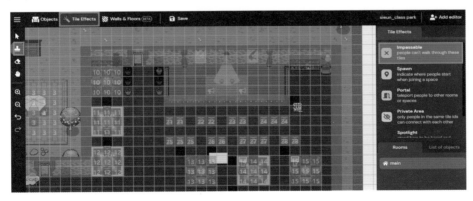

[그림 2-3-30] 타일 효과 중 임패서블 추가하기

1) 임패서블(Impassable): 캐릭터가 지나가지 못하도록 길을 막는 기능   103

맵 메이커에서 save 버튼을 누르고 게더타운 맵을 열어 캐릭터를 움직여 확인해 본다. 해당 예시에서는 무대 앞에 임패서블을 설정해 두었으며 막힌 부분은 캐릭터가 움직이지 못하는 것을 확인할 수 있다.

[그림 2-3-31] 게더타운 맵을 열어서 확인

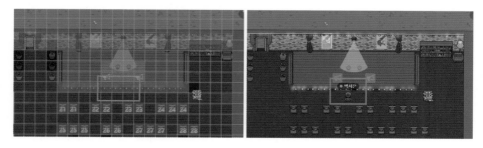

[그림 2-3-32] 임패서블 영역을 지정해둔 모습

임패서블을 수정하고 싶을 때에는 다시 맵 메이커를 열어 지우개 버튼을 클릭한 다음,

지우고 싶은 부분을 드래그하고 저장하면 해당 영역은 통과할 수 있다.

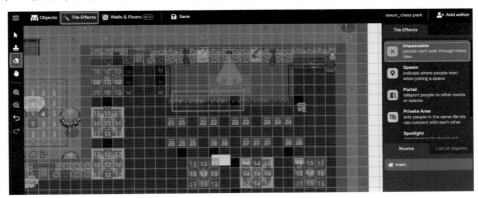

[그림 2-3-33] 임패서블 지우기

맵 메이커에서 임패서블 영역을 삭제하고 저장한 뒤, 게더타운 맵을 열어 확인해 보면 삭제된 부분은 캐릭터가 통과하는 것이 확인된다.

[그림 2-3-34] 임패서블 영역이 삭제된 모습

2) │ 스폰(Spawn): 캐릭터가 입장할 때 시작하는 위치를 지정하는 기능

Spawn은 캐릭터들이 게더타운 맵에 처음으로 입장했을 때 시작하는 위치를 나타낸다. 맵의 어느 위치로 입장하게 할 것인지를 생각하여 클릭하면 진한 초록색 타일이 위에 생기는데, 저장 버튼을 누르면 다음부터는 내가 설정한 위치로 캐릭터가 입장할 수 있게 된다.

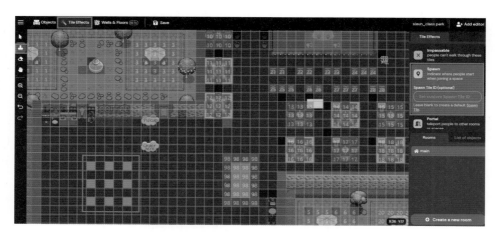

[그림 2-3-35] 타일 효과 중 스폰 추가하기

맵 메이커에서 저장 후 게더타운 맵을 열어 확인해 보면 스폰을 찍어둔 위치로 아바타가 입장하는 게 확인된다.

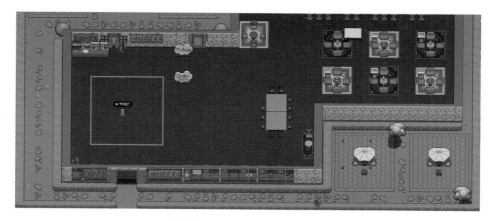

[그림 2-3-36] 스폰 위치 확인

스폰을 찍어둔 위치에 사람들이 입장했을 때 확인할 수 있도록 오브젝트를 설치해 두어도 좋다.

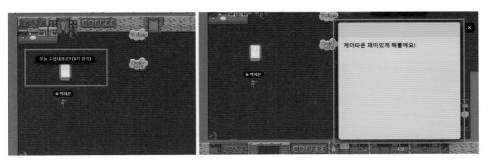

[그림 2-3-37] 스폰 근처에 오브젝트를 설치해둔 모습

3) 포탈(Portal): 방과 방을 연결해 주는 기능

Portal은 방과 방들을 서로 연결해 주는 기능이다. 따라서 내 목적에 따라 방을 생성하고 서로의 방을 어떻게 연결할지는 맵 구상 단계부터 생각해 보도록 한다. Tile Effects를 먼저 클릭 후 Portal -〉 Stamp를 눌러 방을 연결해 준다. 또한, Portal 기능을 사용하기 위해서는 반드시 사전에 연결할 방을 추가로 생성해 두어야 한다.

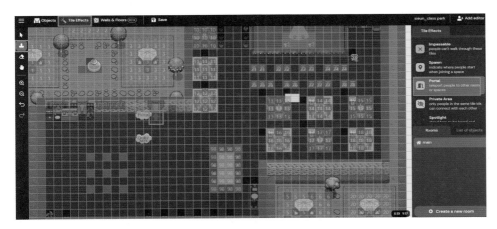

[그림 2-3-38] 타일 효과 중 포털 추가하기

먼저 메인룸과 연결할 새로운 방을 생성하려면 Room에서 "Create a new room"을 클릭하여 새롭게 먼저 만들어 준다. 방 이름은 영문 혹은 한국어 모두 가능하다.

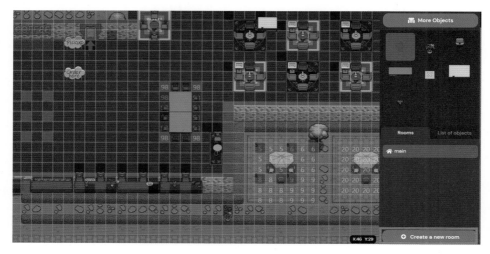

[그림 2-3-39] 방 새롭게 추가하기

New-room을 입력하는 커서가 깜박이면 방 이름을 입력한다. 해당 예시에서는 '새로운 방'이라고 입력해 보았다.

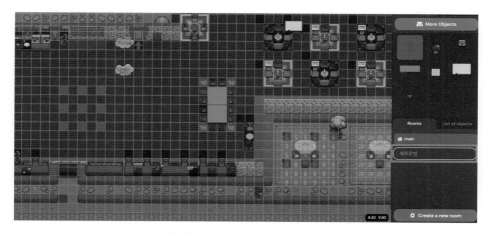

[그림 2-3-40] 방 이름 입력하기

이름을 설정하고 엔터를 클릭하면 다음과 같은 창이 열리게 된다.

Create a blank room - 아무것도 없는 빈 곳에서 벽과 바닥을 직접 그리거나 이미지를 업로드해서 새롭게 만들고 싶은 경우

Choose from template - 게더타운에서 제공하는 기존 템플릿을 추가하고 싶은 경우

Choose from an existing space - 내가 제작한 게더타운 맵 중에서 방 하나를 복제해서 추가하는 경우

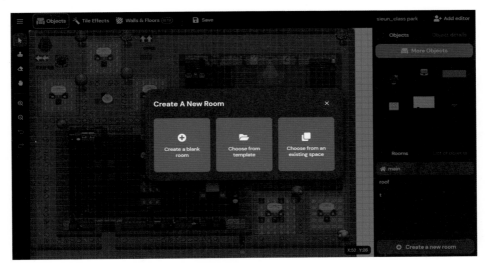

[그림 2-3-41] 추가될 방 스타일 고르기

먼저 "Create a blank room"을 선택한 경우 클릭하면 어떤 스타일의 백그라운드를 사용할 것인지 창이 뜨게 된다. "Draw your own background"를 누르면 바닥을 직접 게더타운 안에서 그리게 되고, "Upload a background"를 클릭하면 이미지를 업로드해서 방의 배경으로 사용할 수 있다.

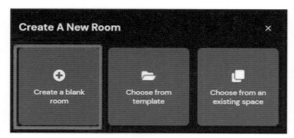

[그림 2-3-42] 백그라운드 업로드하기

"Draw your own background(바닥과 벽을 그리기)"을 선택하면 벽과 바닥을 그려서 방을 만들 수 있다. 방을 그리는 방법은 뒤에서 더 자세히 설명하도록 한다.

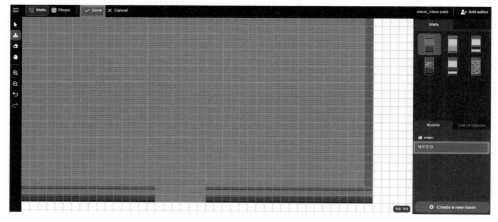

[그림 2-3-43] 벽/바닥 그려서 방 추가하기

"Upload a background(이미지 업로드하기)"를 선택하면 이미지로 방을 만들 수 있다. 이미지를 선택하면 맵 메이커에 이미지랑 삽입된다.

[그림 2-3-44] 이미지 업로드해서 방 추가하기

"Choose from template"를 선택하면 게더타운에서 제공하는 템플릿 리스트가 뜨게 되며, 원하는 스타일을 클릭하면 해당 템플릿으로 방이 새롭게 만들어진다. 리스트는 알파벳 순으로 나열되어 있다.

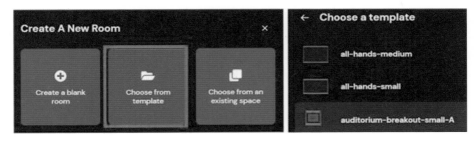

[그림 2-3-45] 템플릿을 활용하여 방을 추가하기

스크롤을 아래로 내리면 매우 다양한 템플릿이 보인다. 템플릿에 따라 large, small 등으로 표기되어 있으며, 앞에 있는 작은 이미지를 확인하고 원하는 템플릿을 클릭하면 바로 삽입된다.

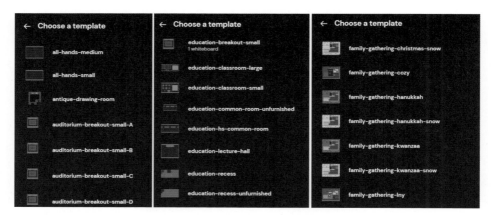

[그림 2-3-46] 템플릿 리스트

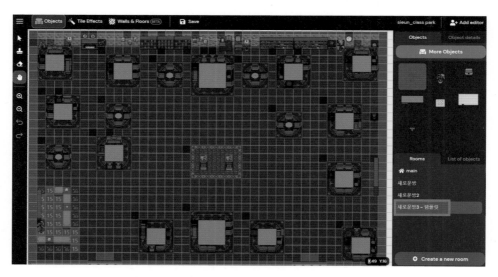

[그림 2-3-47] 템플릿을 활용하여 방을 추가하기

방을 만들었다면 기존의 방과 새로 만든 방을 "Portal" 기능으로 연결해 준다.

먼저 기존 방에서 새로운 방으로 이동할 지점을 클릭하면 파란색으로 표시된다.

이 파란 지점이 뜻하는 것은 내 캐릭터가 그 위치로 이동을 했을 때 다른 방으로 넘어가도록 위치를 설정해 두는 것이다.

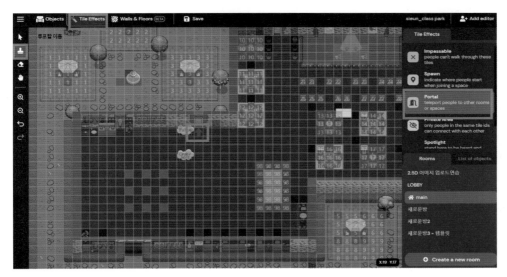

[그림 2-3-48] 포털 지점 찍어주기

파란색 지점을 찍고 나면 "Pick portal type" 메시지가 생성된다. "Portal to a room"을 클릭하면 현재 게더타운 맵 안에 있는 다른 방으로 이동을 하는 것이고, "Portal to another space"를 클릭하면 완전히 다른 게더타운 맵을 연결하는 것을 의미한다. 책의 예시는 같은 게더타운 맵에서 새로 만든 방으로 이동하는 방법을 소개한다.

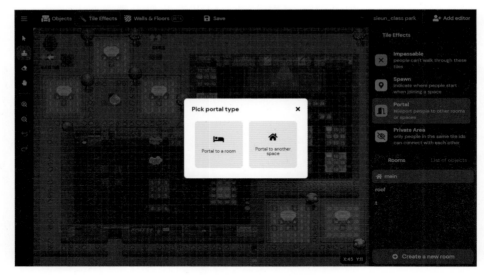

[그림 2-3-49] Portal type 선택하기

"Portal to a room"을 선택하여 어느 방으로 이동할 것인지 선택할 수 있는 창이 새롭게 열리게 되면 이동할 방을 클릭한다.

[그림 2-3-50] 템플릿을 활용하여 방을 추가하기

예시에서는 "새로운 방"을 클릭하였다. 그러면 바로 새로운 방 화면이 뜨면서 어느 지점으로 순간 이동 입장을 할 것인지 위치를 찍을 수 있게 된다. 또한, Portal이 찍힌 방은 다시 한 번 Portal을 설정하여 다시 메인 방으로 돌아갈 수 있도록 설정해 두어야 한다.

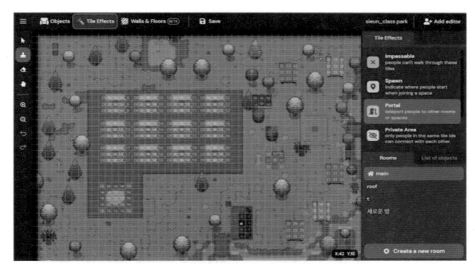

[그림 2-3-51] 템플릿을 활용하여 방을 추가하기

4) 프라이빗 공간(Private Area): 개별 공간

이 공간은 그룹 모임 등을 하기에 적합하다. Area ID에 숫자를 넣고 Stamp를 눌러 프라이빗 공간을 지정하면 같은 ID에 있는 사람들끼리만 서로 연결될 수 있다. 즉 15번 방에 모인 사람들끼리만 서로 소리를 들을 수 있으므로 개별 회의가 가능하다. 예시에서는 Area ID에 숫자 15번을 입력하고 15번 공간을 배치해 보았다.

[그림 2-3-52] 프라이빗 존 설정하기

5) 스포트라이트(Spotlight): 모든 사람에게 소리를 전달할 수 있는 기능

게더타운의 특징은 캐릭터끼리 거리가 멀어지면 서로의 소리가 들리지 않기 때문에 거리가 멀리 있게 되면 운영자가 아무리 이야기를 해도 멀리 있는 참가자는 소리를 듣지 못하게 된다. 하지만 'Spotlight' 존을 만들어두면 어느 위치에 있거나 멀리 있어도 모두 소리를 들을 수 있으므로 적절한 위치에 Spotlight는 꼭 배치하도록 한다.

Spotlight를 클릭하고 배치하고 싶은 곳에 마우스를 가져가 클릭하면 주황색으로 표시된다. 이때 스포트라이트 존을 한 군데만 찍는 것보다 넓게 여러 면적을 찍어두는 편이 좋다.

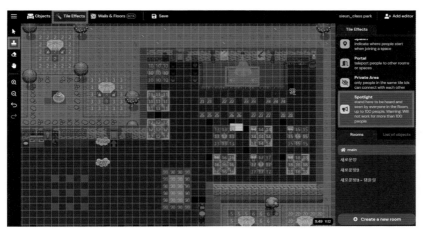

[그림 2-3-53] 스포트라이트 존 설정하기

3. 벽/바닥 설치

맵 메이커 사용 중 벽과 바닥을 직접 생성하고 싶다면 맵 메이커 메인 상단의 "Walls & Floors"를 클릭하여 생성한다.

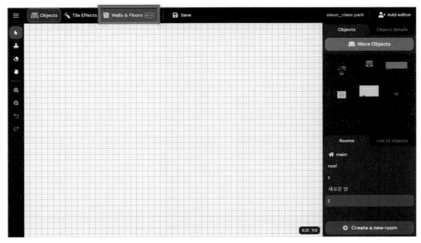

[그림 2-3-54] Walls & Floors 선택

5) 스포트라이트(Spotlight): 모든 사람에게 소리를 전달할 수 있는 기능 117

(1) 바닥 설치하기

바닥을 선택하기 위해서 상단의 "Floors"를 클릭하고 우측에서 넣고 싶은 바닥 타일을 고른다. 그리고 마우스로 영역을 드래그해서 지정하면 그 공간은 전부 해당 바닥 타일이 깔리게 된다. 삭제는 역시 지우개 모양을 눌러 드래그하면 지워진다.

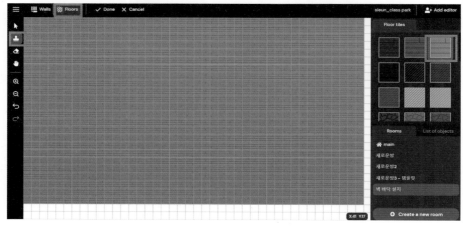

[그림 2-3-55] 바닥 그려 넣기

(2) 벽 설치하기

먼저 "Walls"를 선택한 다음, 우측의 벽 모양 중에서 설치하고 싶은 벽 모양을 선택하고 화면처럼 마우스로 드래그를 하면 우측의 '설치가 완료된 모습'처럼 벽이 만들어진다. 지우고 싶은 경우는 좌측의 지우개 버튼을 누르고 설치된 벽을 다시 드래그하면 설치된 벽은 삭제된다. 여기까지 완료했다면 상단의 "Done"을 눌러 작업을 마무리한다.

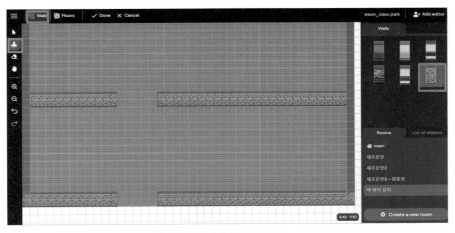

[그림 2-3-56] 벽 그려 넣기

맵 메이커에서 수정을 완료했다면 반드시 우측 상단의 "Save" 버튼을 눌러 저장하고, 좌측 상단의 3선 버튼을 눌러 "Go to space"를 클릭한다. 그럼 다시 나의 게더타운 맵으로 돌아갈 수 있게 된다.

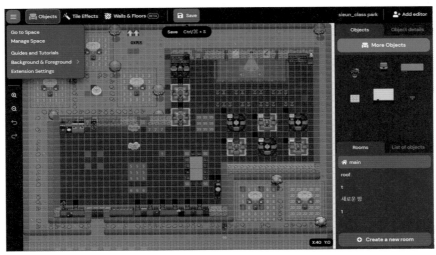

[그림 2-3-57] 맵 메이커 수정 사항 저장하기

4. 관리자 추가하기

게더타운의 특징은 맵을 함께 수정할 수 있는 에디터를 추가할 수 있다. 호스트가 추가를 하게 되면 여러 사람이 한 번에 하나의 맵을 같이 제작할 수 있게 된다. 우측 상단의 "Add editor"를 누른 다음, 게더타운 회원 가입 시 사용한 이메일을 입력하고 "Add"를 눌러 준다.

[그림 2-3-58] editor 추가하기

추가된 사람은 빌더 초대 메일을 받게 되고 "Accept Invitation"을 눌러 해당 맵의 빌더로 함께 활동하면 된다. 다만 한 포털 공간을 동시에 편집하고 저장하는 경우에는 마지막 저장한 사람 기준으로 반영되므로 주의해서 편집해야 한다.

[그림 2-3-59] editor 추가 시 발송되는 메일

04 게더타운 공간 제작 기획하는 방법

1. 공간 제작 기획법

자, 지금까지는 게더타운의 가장 기본적인 사용법을 익혀 봤다면 지금부터는 실질적으로 게더타운 내에서 나만의 교실 혹은 사무실을 제작해 보도록 하자. 제작하기에 앞서 가장 중요한 것은 멋진 디자인을 염두에 두는 것이 아니라, 과연 이 공간에 어떤 참여 요소를 넣고 동선은 어떤 식으로 기획을 할 것이며, 공간에 들어갔을 때 자료들의 배치는 어떻게 할 것인지 등 기획이 더욱 중요하다.

게더타운 캐릭터가 입장을 했을 때 어느 지점에 입장을 시킬 것인가? 또 입장된 지점에 바로 보여 줄 요소는 무엇이 있는가? 움직이는 방법 혹은 내 공간에 대한 정보가 전혀 없는 사람들이 효과적으로 안내할 것인가 등을 고려해야 한다.

예를 들어 입장하는 지점에 방문자로 하여금 방문록을 남기게 하고 싶다면 오브젝트 연동에서 패들렛과 같은 웹사이트를 연결해 두고, 환영 메시지를 띄우고 싶다면 이미지와 프리뷰 이미지를 활용해 팝업을 띄워 볼 수도 있다.

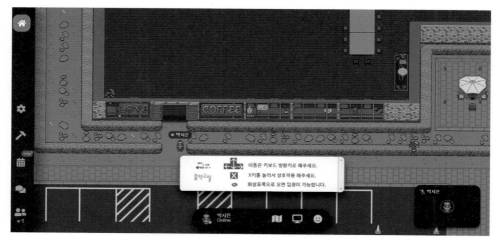

[그림 2-4-1] 입장 시 환영 팝업 생성

2. 교육 현장 2D 제작 요령

기본 제작은 게더타운에서 제공되는 기본 2D로 제작을 쉽게 할 수 있으며 맵 안에서 쉽게 수정이 가능하다는 장점이 있다. 제작에 들어가기 앞서 미리캔버스를 활용하여 맵 제작에 필요한 이미지를 만들어 보고 적용하는 방법을 안내하고자 한다.

1) 미리캔버스로 현수막 이미지 제작하기

미리캔버스에서 게더타운 사이즈에 맞게 제작을 하기 위해서는 먼저 타일 수를 계산해야 한다. 한 타일은 가로세로 사이즈가 같으며 각각 32px이다. 예를 들어 가로세로 3칸씩 정사각형 이미지를 만들려면 픽셀 사이즈는 각각 96px이 된다.

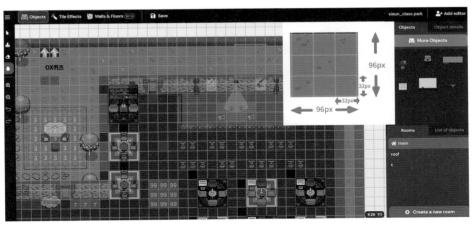

[그림 2-4-2] 맵 메이커 픽셀 사이즈 계산

(1) 미리캔버스 사용하기 (https://www.miricanvas.com)

먼저 미리캔버스를 열고 로그인을 한 다음, 바로 시작하기 버튼을 누른다.

[그림 2-4-3] 미리캔버스 메인 화면

1) 미리캔버스로 현수막 이미지 제작하기   123

예를 들어 "2022년 신입생 환영회" 현수막을 제작해서 맵에 넣기 위해서 사이즈를 계산해야 한다. 예시 사이즈는 가로 13칸 * 세로 3칸이므로 416px * 96px이 된다.

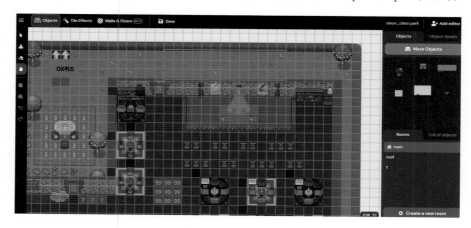

[그림 2-4-4] 맵 메이커 픽셀 사이즈 계산

미리캔버스 화면에서 좌측 상단의 사이즈를 눌러 직접 입력을 클릭한 다음, 계산한 픽셀 사이즈를 입력하고 적용하기를 눌러 주면 해당 사이즈로 캔버스가 변경된다.

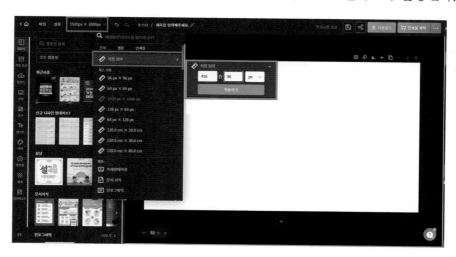

[그림 2-4-5] 미리캔버스에서 현수막 사이즈 설정

미리캔버스에서 현수막 사이즈 설정 캔버스 사이즈가 이제 맞춤으로 변경된 것이 확인되면 배경 색상, 텍스트, 일러스트 이미지를 넣어 자유롭게 제작해 보자.

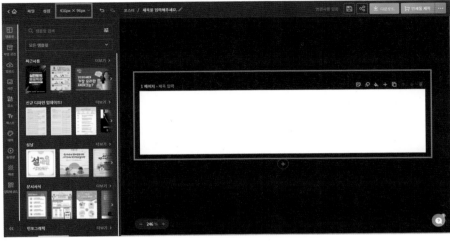

[그림 2-4-6] 미리캔버스에서 현수막 사이즈 설정

(2) 미리캔버스 이미지 업로드하기

제작이 완료되면 화면 상단에서 다운로드 버튼을 눌러 PC에 저장해서 써야 한다.

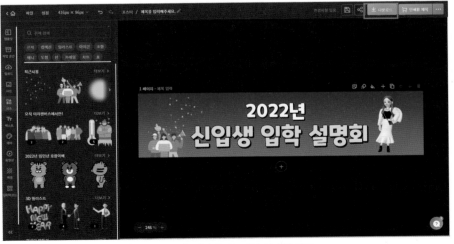

[그림 2-4-7] 미리캔버스에서 현수막 제작

[그림 2-4-8] 미리캔버스 이미지 다운로드

이미지를 제작했다면 맵 메이커를 열어 "Objects"를 클릭하고 "Upload New"를 클릭하여 이미지를 업로드한 다음, "Create and select"를 클릭하여 준다. 내가 올리는 이미지에 별도로 효과를 걸지 않는다면 "Object name"에 이름을 넣어 준다.

[그림 2-4-9] 현수막 이미지 업로드하기

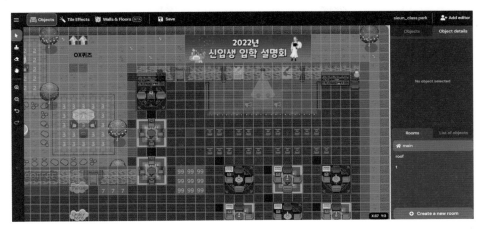

[그림 2-4-10] 현수막 업로드 완료

2) │ 입구 및 로비 제작 포인트

내 교실에 사람들이 처음 들어왔을 때 위치하는 입구, 즉 로비 공간부터 기획하는 것이 좋다. 그 이유는 사람들이 맵에 대해 정보가 없기 때문에 어느 공간으로 이동해야 다른 공간으로 갈 수 있는지 등을 잘 모르기 때문이며, 보통 로비에는 각 공간으로 이동했다가 다시 돌아오는 허브 역할을 하게 된다.

예시 사진에서는 메인 입구에서 각각 OX 퀴즈 공간 혹은 루프톱으로 이동할 수 있도록 사전에 표시해 두었다. 따라서 교실, 강당, 회의실, 자료실 등 내가 필요한 공간들이 있다면 스케치를 통해 각 공간을 어떻게 연결할 것인지 생각해 보고 입구에서 이동 지점을 구상해 보는 것이 좋다.

[그림 2-4-11] 로비 공간 제작

다음은 필자가 게더타운 공간 안에 직접 제작 진행한 기관과 기업 예시를 첨부하였다. 캐릭터가 처음 입장하여 돌아다니기 전, 이 맵 안에는 어느 공간들이 들어가 있는지, 어디로 이동하면 어떤 공간으로 들어갈 수 있는지 등을 기획하는 공간이다.

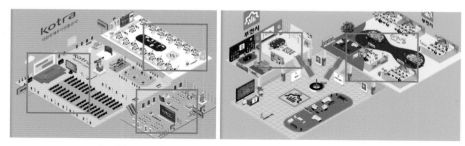

[그림 2-4-12] 코트라(좌) 부천시청(우) 메인 로비 제작 예시

(1) 바닥/벽 제작

맵 메이커에서 바닥을 먼저 추가하고 공간을 어떻게 나눌 것인지 벽으로 구분해 본다. 순서대로 따라서 함께 제작해 보면서 나에게 맞도록 기획해 보자.

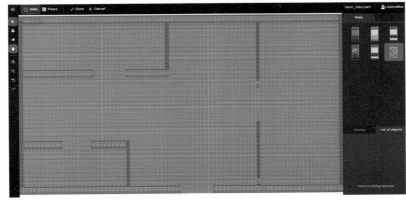

[그림 2-4-13] 바닥과 벽 설치

본 예시에서는 대기실, 교실, 강당, 상담실로 구성해 보았다. 각 공간 안에 어떤 구성을 넣을 것인지 기획해 보며 채워 가면 좋다.

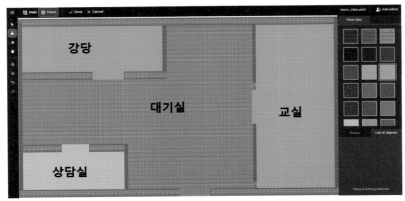

[그림 2-4-14] 벽 설치 및 바닥 색상 변경

먼저 Map maker를 열어 Tile Effects를 눌러 임패서블 영역부터 지정해서 캐릭터들의 움직이는 동선을 나눠 본다. 이어서 스폰을 찍어 캐릭터를 입장시킬 위치를 지정한다. 입장하는 지점에 따라 어떤 자료를 띄울 것인지에 따라 인터렉션 효과가 달라지게 된다.

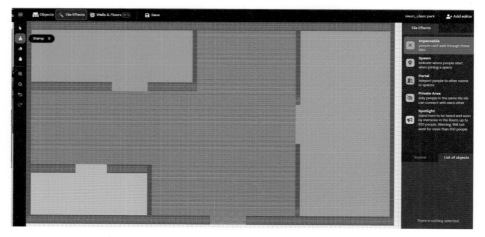

[그림 2-4-15] 설치된 벽과 바닥에 타일 효과 씌우기

예시에서는 환영 문구를 메모장에 넣어보았다. 맵 메이커에서 좌측 상단의 Select 화살표를 클릭하고 오브젝트를 클릭하면 메모의 문구 수정도 가능하다.

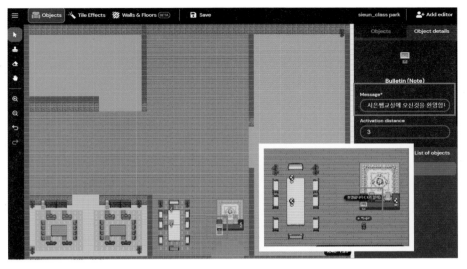

[그림 2-4-16] 스폰 지점을 찍은 곳 근처에 메모 효과 걸기

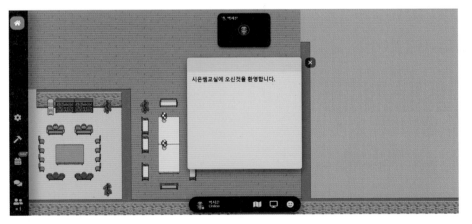

[그림 2-4-17] 메모 효과

또한, 로비에서 각 공간으로 이동하기 위해서는 어떤 공간인지 눈으로 확인할 수 있는 공간 이름을 함께 적어 두면 처음 온 사람들이 헤매지 않고 바로 찾아갈 수 있다. 또한, 로비 공간에 패들렛 등을 활용한 온라인 퍼실리테이션 도구 사이트를 연동시켜 맵

에 다녀간 참여자들이 방문록 기록을 남겨둘 수 있고, 여러 사람이 꼭 거쳐서 다녀야 하는 공간이므로 중간쯤 공지사항을 크게 걸어두는 것도 좋다.

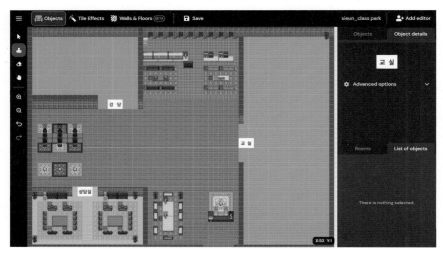

[그림 2-4-18] 위치별 이름 적어두기

다음은 필자가 직접 제작을 진행한 맵상에 위치별 이름을 적어 두었던 예시를 소개하고자 한다. 맵의 로비 부분에서 이렇게 위치를 적어 두어야 캐릭터들이 이동할 때 헤매지 않을 수 있다.

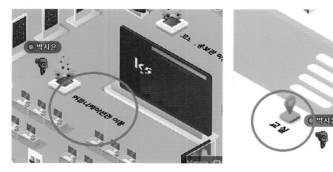

[그림 2-4-19] 위치 이름이 적인 제작 예시

(2) 강당 제작

강당은 교육 현장에서는 대강의실로 사용되고 기업에서는 웨비나관으로 활용된다. 강당을 구성할 때에는 많은 인원이 한 번에 들어가기 때문에 내부에서 어떻게 움직이게 할 것인가를 구상해 보면 좋다. 예시와 같이 분임별로 앉도록 의자 색상을 다르게 해 둔다든지 동선을 표시해 둔다든지 등의 작업도 필요한 경우가 있다.

로비에서 강당 구역을 대략적으로 알 수 있게 오브젝트 등을 간단히 넣어 공간만 채워 보았다.

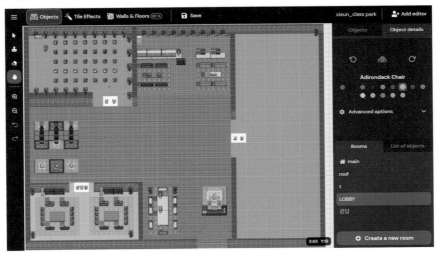

[그림 2-4-20] 로비에서 강당을 대략 구성해 둔 예시

이제 강당 룸을 추가하고 로비와 추가된 강당 룸을 연결해 두면 된다.

로비에서 표현되는 간단한 강당에서 포털로 연결된 진짜 강당의 위치로 오게 되면 공간을 꾸밀 수 있게 되는데 한 번에 너무 많은 인원이 들어오게 하는 것보다 시간을 나눠서 입장을 시키는 편이 나으며, 많은 캐릭터가 돌아다니게 되는 경우 상단에 비디오들이 활성화되면서 연단을 가릴 수 있으므로 살짝 공백을 주는 것도 괜찮다. 같은 이유로 너무 위쪽에 많은 오브젝트를 배치하는 것보다 중간이나 왼쪽 하단 쪽에 배치하면 가려지지 않고 사람들이 확인할 수 있다.

강당은 한 번에 많은 사람이 모여서 한 번에 강의를 듣거나 행사를 진행하는 공간이므로 특히 화면 공유를 부드럽게 하는 것이 매우 중요하다. 공유를 하기 전에 공유하고자 하는 화면을 미리 활성화시켜 두고 바로 공유하는 것이 필요하다.

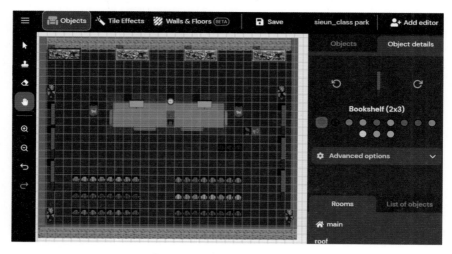

[그림 2-4-21] 강당 제작 예시

아래 예시 역시 필자가 직접 제작한 게더타운 공간 중 대강당의 예시를 첨부하였다. 예를 들어 강당에서도 회의만 진행하는 경우 아래의 우측 예시처럼 무대만 크게 들어가고 의자들을 배치하면 되지만, 웨비나에서 만약 스태프 룸이 필요하거나 혹은 상담 등이 이뤄지는 것을 염두에 둔다면 한쪽에 별도의 공간을 만들어 두고 프라이빗존 영역을 설정하여 따로 소통해도 좋다.

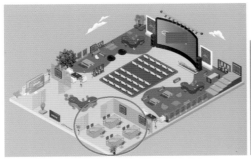

[그림 2-4-22] 강당 제작 예시

(3) 교실/회의실 제작

교실 및 회의실은 조별로 나뉘어 활동을 하면서 토론도 하고 혹은 수업을 받는 등 활동이 많은 공간이므로 섹션을 잘 나누어 놓는 것이 중요하다. 아울러 자료실을 별도로 만들지 않는다면 이 공간 안에 자료 등도 함께 넣어 두면 편리하다. 예를 들어 영어 수업을 진행하는 경우라면 영상 자료를 미리 시청하게 하고 프라이빗 존에서 다시 조별끼리 앉아 회화 연습을 하게 할 수 있다. 따라서 내가 업로드시켜 놓을 수 있는 자료가 있는 경우는 분야별 혹은 종류별로 자료를 올려두면 한 공간에 다 있으므로 편리하게 볼 수 있는 장점이 있다.

영상 존은 추천 유튜브 영상들을 걸어 둔다든지, 도서 존은 그달의 추천 도서 혹은 다운받을 수 있는 pdf 등을 나열해 두고 매달 자료만 변경해도 다양하게 공간 활용을 할 수 있다.

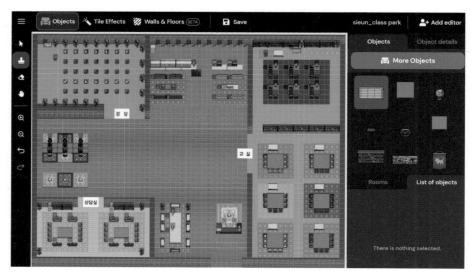

[그림 2-4-23] 교실 제작 예시

다음은 교실 공간을 직접 제작한 예시이다. 이 교실들은 한 공간에 12개의 반으로 나뉘어져 있었기 때문에 숫자 등을 활용하여 공간을 나눈 뒤 포털 기능을 활용하여 각각의 교실로 다시 들어가도록 구성해 보았다.

[그림 2-4-24] 교실 제작 예시

3) **실습 – 함께 2D 온라인 사무실 제작해 보기**

이제 나만의 온라인 사무실을 함께 제작해 보자. 과정 설명이 필요한 경우 큐알코드에 내장된 제작 영상을 함께 보며 만들어 보는 것을 추천한다.

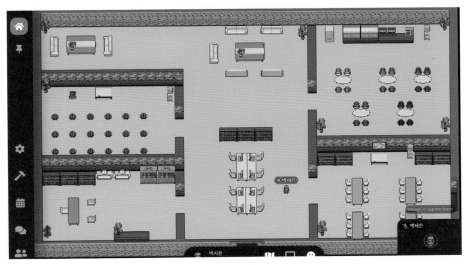

[그림 2-4-25] 온라인 사무실 제작 샘플

먼저 아무것도 없는 빈방에 직접 벽과 바닥을 그리기 위해 템플릿 공간에서 "Blank"를 선택하고 방을 생성한다.

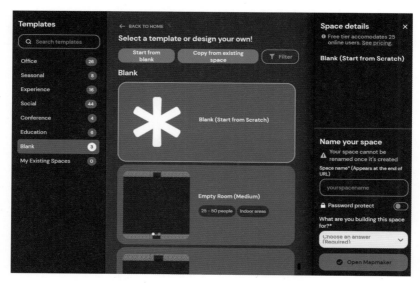

[그림 2-4-26] 빈방 선택하기

맵 메이커에 입장 후 직접 벽과 바닥 지정이 가능한 "Walls & Floors"를 클릭한다.

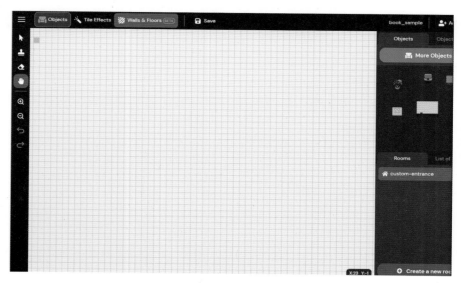

[그림 2-4-27] 벽과 바닥 선택하기

먼저 Floors를 클릭하여 원하는 바닥 타일을 선택 후 마우스로 필요한 지점까지 드래그하면 간편하게 바닥 영역을 지정할 수 있다.

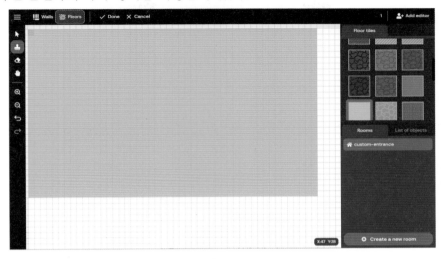

[그림 2-4-28] 바닥 지정하기

다음은 "Walls"를 눌러 벽을 지정해 준다.

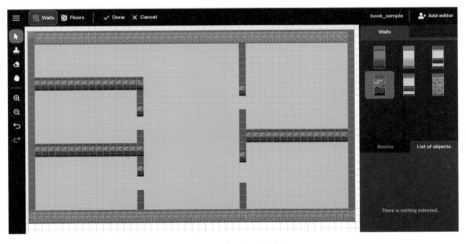

[그림 2-4-29] 벽 지정하기

벽과 바닥이 지정되면 반드시 "Done" 버튼을 눌러 완료해 줘야 한다.

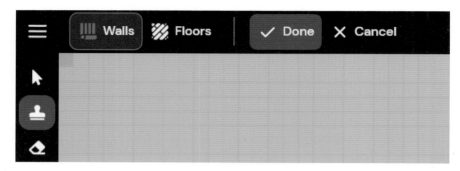

[그림 2-4-30] Done 눌러주기

벽과 바닥을 만들고 캐릭터들이 입장할 수 있는 지점에 출입문을 설치하면 좋다.
Object에서 Doorway를 검색하면 된다.

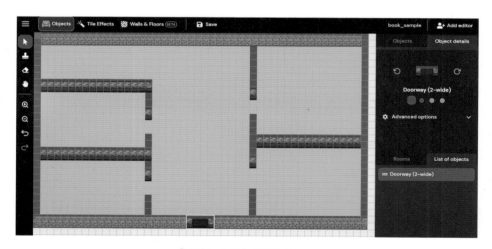

[그림 2-4-31] 출입문 설치

이제 온라인 사무실에 필요한 다양한 오브젝트를 넣으면 된다. 색상을 선택할 수 있을 때에는 원하는 색으로 변경해서 넣어도 좋다.

[그림 2-4-32] 다양한 오브젝트 배치

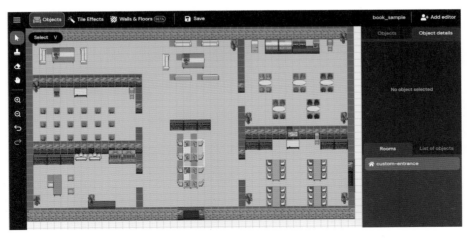

[그림 2-4-33] 오브젝트 배치 완료

빈방을 선택하여 제작하는 경우 보통 스폰이 좌측 상단에 찍혀 있다. 수정하지 않으면 캐릭터들이 해당 위치로 입장을 하게 되므로 수정하는 편이 좋다. 샘플에서는 화면 하단에 설치한 출입문 방향에 스폰을 설정해 보았다.

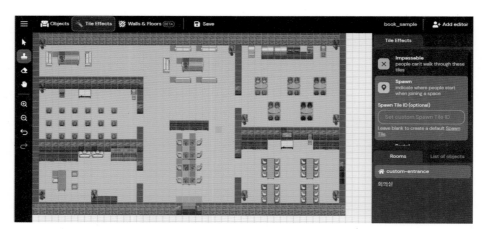

[그림 2-4-34] 스폰 설정하기

또한, 한 공간에 있지만 필요한 목적에 따라 각자 소통을 할 수 있도록 프라이빗 존도 설정해 보자.

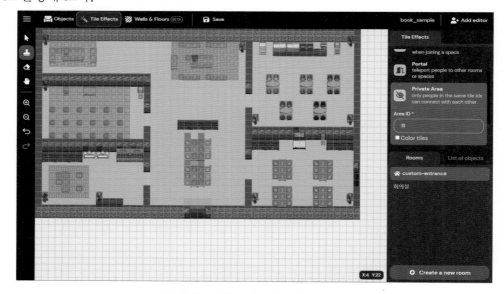

[그림 2-4-35] 프라이빗 존 설정하기

온라인 사무실에 또 다른 사무실을 연결해서 사용하면 자유롭게 이동하면서 다양하게 활용을 할 수 있다. 연결을 위해서는 반드시 방을 새롭게 추가해야 한다. "Create a new room"을 클릭하고 방 이름을 적고 엔터를 친다.

[그림 2-4-36] 방 추가하기

새롭게 방을 생성할 것인지, 기존 게더타운 템플릿에서 추가할 것인지, 직접 제작한 다른 게더타운 맵의 다른 방을 가져올 것인지 선택하는 창이 뜬다. 본 예시에서는 템플릿에서 추가를 클릭하였다.

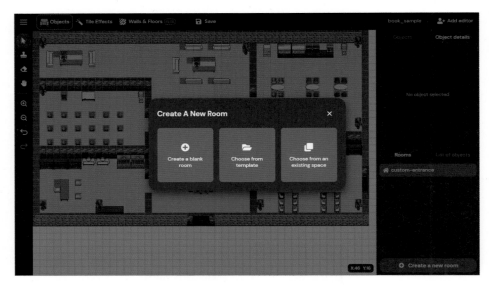

[그림 2-4-37] 추가할 방 타입 선택

템플릿은 알파벳 순으로 정렬되어 있으며 미리보기는 지원하지 않는다.

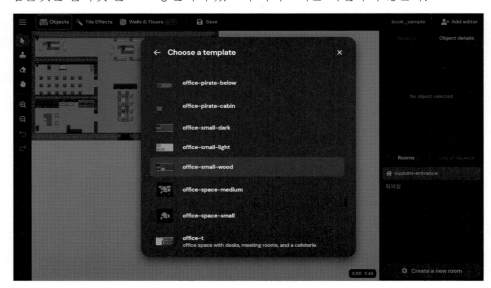

[그림 2-4-38] 템플릿으로 방을 추가하기

방을 고르고 클릭하면 방 추가가 완성된다.

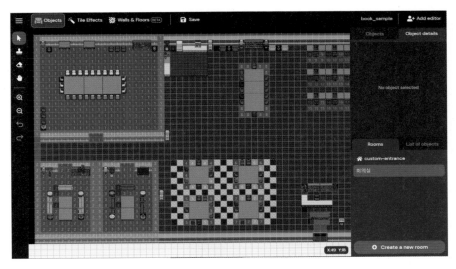

[그림 2-4-39] 방 추가 완성

메인 사무실과 회의실을 서로 이동하려면 반드시 포털로 연결해야 한다. 타일 효과 (Tile Effects)를 클릭하고 포털을 눌러 준다. 그리고 회의실로 이동할 지점에 포털을 지정한다.

[그림 2-4-40] 포털 지정

클릭하면 이렇게 포털 타입을 설정할 수 있는데, 같은 맵에서 다른 방이기 때문에 "Portal to a room"을 누르고 이동할 회의실을 클릭한다.

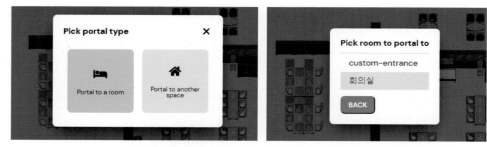

[그림 2-4-41] 포털 타입에서 회의실 선택

캐릭터가 사무실에서 회의실로 이동 시 회의실에 이동하여 입장하게 될 지점을 클릭해 준다.

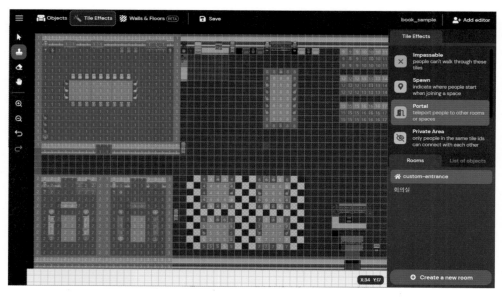

[그림 2-4-42] 회의실에 입장 위치 클릭하기

타일 효과까지 적용을 완료하였으면 오브젝트를 활용하여 다양한 인터렉션 효과를
연동시켜 보자. 예시에서는 환영 메모로 삽입해 보았다.

[그림 2-4-43] 메모 삽입

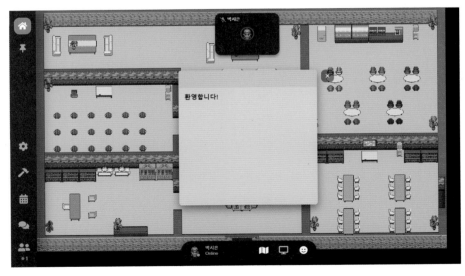

[그림 2-4-44] 메모 효과 연동

3. 교육 현장 2.5D 제작 요령

지금까지는 게더타운 2D를 기반으로 공간을 제작할 때 포인트를 전달하였으며, 이번에는 2.5D 스타일로 맵을 제작하는 방법을 소개하고자 한다. 미국에서 제작된 게더타운은 인터넷 사정상 2D로 구동될 때 문제없이 돌아가지만, 국내 인터넷은 2.5D 혹은 3D도 문제없이 잘 돌아가기 때문에 최근은 2.5D로 많이 제작하는 상황이다.

필자는 제작할 때 주로 일러스트와 포토샵을 활용하고 있지만, 누구나 쉽게 2.5D로 제작할 수 있는 사이트가 있어 사용법을 소개하고자 한다.

1) 아이코그램스 활용법(아이코그램스: https://icograms.com)

아이코그램스는 디자인을 잘 하지 못하는 초보자들도 얼마든지 아이소메트릭 맵, 일러스트레이션을 가장 간편하게 제작할 수 있도록 도움을 주는 디자인 사이트이다. 자체 500여 개의 자체 템플릿 역시 농업, 물류, 운송, 창고 보관, 건설 등을 포함하여 인테리어, 의료, 사무실, 자연 등 다양한 분야의 오브젝트가 3,800여 개로 다양하므로 빨리 원하는 입체적인 디자인 공간을 만들어 볼 수 있다.

아울러 모든 이미지는 인쇄에 적합한 벡터 그래픽이므로 제작해서 출력을 하고 싶은 경우도 편리하게 활용할 수 있다. 또한, 2.5D에 맞는 아이소메트릭 그래픽으로 구성되어 있으며, 내가 가지고 있는 개인 이미지를 업로드하여 함께 사용할 수 있다. 물론 나의 이미지도 회전 등을 통하여 아이소메트릭 느낌을 살릴 수 있다.

아래의 예시는 필자가 아이코그램스로 간단히 제작해 본 한 기관의 입구 모습이다.

건물 배치 및 오브젝트 배치, 색상 변경, 사이즈 조절 등을 통해 바로 제작이 가능하기에 이번 장에서는 사용 방법을 상세히 안내하고자 한다.

[그림 2-4-45] 아이코그램스로 제작한 예시

(1) 가입하기

아이코그램스는 크롬으로 접속하여 사용해야 모든 기능을 자유롭게 사용할 수 있다. 본격적으로 들어가기 앞서 주의 사항을 먼저 안내하고자 한다.

[그림 2-4-46] 아이코그램스 메인 화면

1) 아이코그램스 활용법(아이코그램스: https://icograms.com)　149

아이코그램스는 비록 무료이지만 비상업적인 용도인 경우에 한하고 있으므로 상업적으로 사용을 하고자 할 때에는 반드시 유료 회원으로 가입을 해야 사용이 가능하다.

무료 회원과 유료 회원 모두 사용할 수 있는 오브젝트 수나 템플릿을 사용할 수 있는 수는 똑같다. 다만 무료 회원은 내 이미지를 3개만 업로드할 수 있고 최대 8개까지만 디자인을 제작할 수 있는 반면, 프로 요금제는 최대 25개까지 내 이미지를 업로드할 수 있고 50개까지 디자인 제작을 할 수 있다. 또한, 백터 그래픽으로 얻기 위해선 디자인을 .SVG 파일로 저장해야 하는데 이는 유료 회원만 가능한 기능이다.

더욱 중요한 부분은 무료 회원은 해당 이미지를 상업적으로 사용할 수 없도록 워터마크가 찍혀 있고 반드시 저작권 표시가 되므로 주의해야 한다. 프레젠테이션, 광고, 웹 디자인 등 개인 혹은 비상업적 프로젝트인 경우는 제한 없이 사용할 수 있지만, 상업 용도로 하는 경우는 유료로 사용하는 것이 좋다. 필자가 사용하고 있는 프로 요금제는 한 달에 19달러, 한화로 약 22,000원 정도 한다.

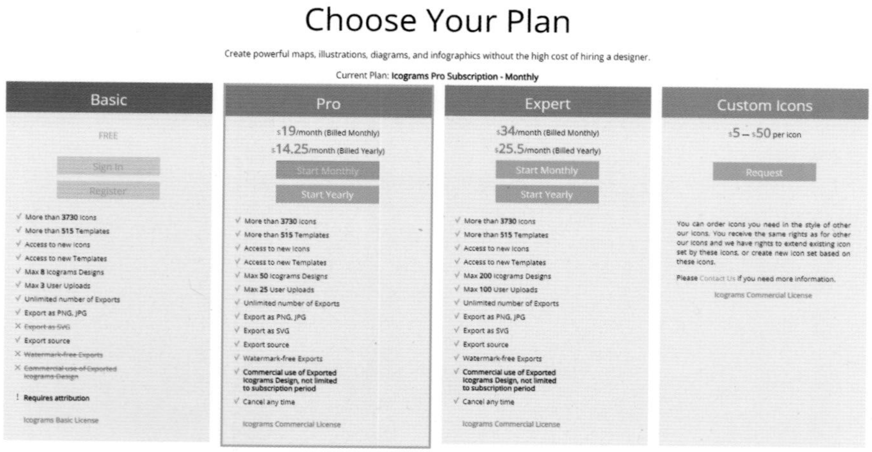

[그림 2-4-47] 아이코그램스 요금제 영어 안내

플랜 선택

디자이너를 고용하는 데 드는 높은 비용 없이 강력한 지도, 일러스트레이션, 다이어그램 및 인포그래픽을 만드십시오.

현재 계획: Icograms Pro 구독 - 월간

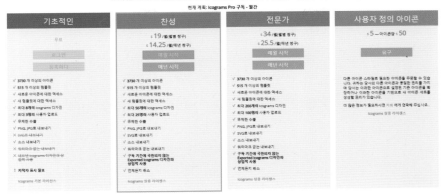

[그림 2-4-48] 아이코그램스 요금제 한국어 안내

Created in ICOGRAMS

[그림 2-4-49] 아이코그램스 무료 회원 워터마크 표시

회원 가입은 우측 상단의 "Register" 버튼을 클릭하여 이름, 이메일 주소, 비밀번호만 입력하면 바로 가입이 완료되므로 매우 간단하다.

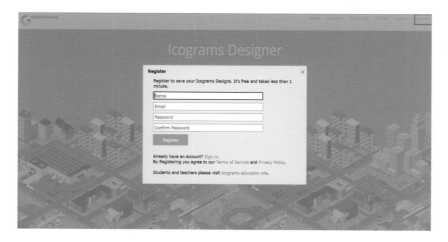

[그림 2-4-50] 아이코그램스 회원 가입 방법

가입을 완료하였다면 첫 시작 화면에서 "Get Started"를 눌러 편집 화면으로 넘어간다.

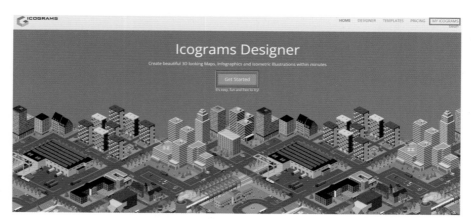

[그림 2-4-51] 아이코그램스 첫 시작 화면

(2) 기본 사용 설명

아이코그램스는 사용법이 굉장히 간단한 사이트이다. 맘에 드는 오브젝트를 선택하고, 색을 바꾸고, 회전을 하는 정도만 편집해도 얼마든지 원하는 결과물에 가깝게 디자인을 제작할 수 있기 때문이다.

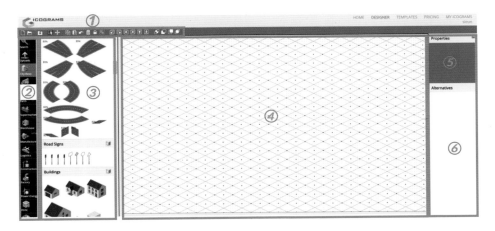

[그림 2-4-52] 아이코그램스 사용법

① 아이코그램스 상단 메뉴바

문서를 새롭게 열거나 제작한 이미지를 다운로드하고, 오브젝트 선택, 삭제, 잠금, 복제, 순서 변경 등을 할 때 활용하는 메뉴바이다.

[그림 2-4-53] 아이코그램스 상단 메뉴바

▶ 새문서: 새로운 캔버스 열기

▶ 다운로드: 제작한 디자인을 다운로드하는 버튼

▶ 선택: 오브젝트 개체를 선택하는 버튼. 선택되어 있는 상태에서는 사이즈 조절 및 색상 변경, 위치 이동 등 오브젝트 수정이 가능하다.

▶ 이동: 캔버스를 이동할 때 쓰는 버튼. 스페이스바를 길게 누른 채 움직여도 동일하다.

▶ 삭제: 오브젝트 삭제

▶ 잠금: 오브젝트 및 바닥, 벽 등을 잠그는 버튼. 잠겨 있으면 이동되지 않는다. 보통 바닥, 벽 등을 고정해 놓고 수정할 때도 많이 사용된다.

▶ 복제: 오브젝트를 화살표 방향에 따라 균일한 간격으로 복제하는 버튼

▶ 순서 변경: 오브젝트끼리 순서를 변경해 주는 버튼. 나중에 클릭한 오브젝트는 레이어드가 되어 있기 때문에 다른 오브젝트 위에 얹어지게 되는데 순서 변경으로 앞뒤 순서를 바꿀 수 있다.

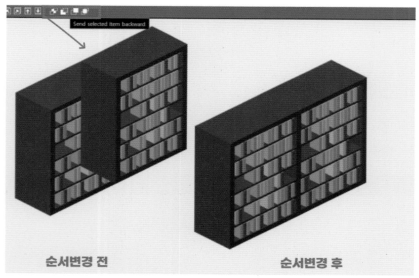

[그림 2-4-54] 오브젝트 순서 변경

② 오브젝트 카테고리

좌측 오브젝트 카테고리는 종류별로 오브젝트를 찾을 수 있다.

[그림 2-4-55] 오브젝트 카테고리 모음

③ 오브젝트창

좌측 오브젝트 카테고리 중 하나를 클릭하면 오브젝트창에 해당 카테고리 오브젝트가 나열된다. 예를 들어 슈퍼마켓을 누르면 슈퍼마켓에 관련된 식료품, 쇼핑하는 사람들, 건물 등이 보이며, 사무실을 클릭하면 사무실 안에서 사용하는 책상, 사무용품, PC, 에어컨 등 사무실을 꾸미는 데 필요한 오브젝트가 보인다.

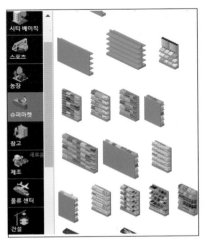
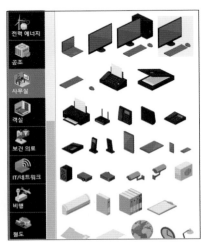

1) 아이코그램스 활용법(아이코그램스: https://icograms.com)　155

④ 캔버스

왼쪽 오브젝트창에서 오브젝트를 클릭한 상태에서 오른쪽의 캔버스로 드래그해서 끌고 가면 오브젝트를 캔버스에 바로 삽입하여 크기 변경, 회전, 색상 변경 등을 편집할 수 있다.

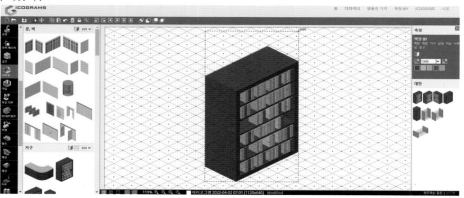

[그림 2-4-57] 아이코그램스 오브젝트 삽입

⑤ 오브젝트 수정창

오브젝트 회전, 크기 변경, 색상 변경 및 비슷한 오브젝트 추천 등이 보이는 창이다.

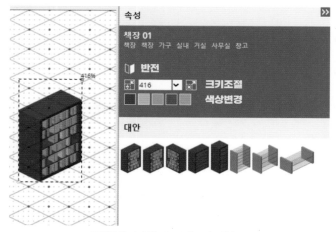

[그림 2-4-58] 오브젝트 수정창

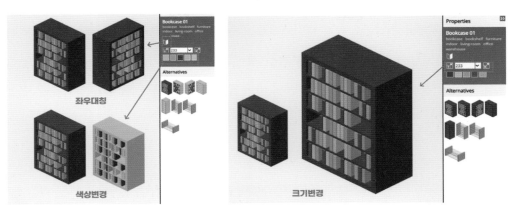

[그림 2-4-59] 오브젝트 수정

또한, 위에 소개된 기능 외에도 화면 하단을 클릭하면 배경색을 변경할 수 있으며 캔버스 사이즈도 조절이 가능하다.

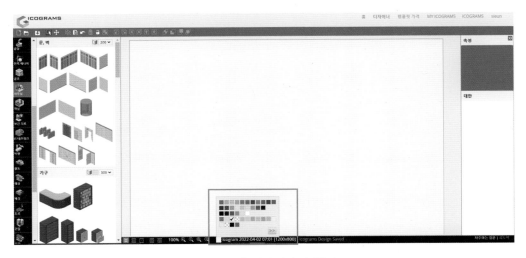

[그림 2-4-60] 바닥 색상 변경하기

2) 바닥/벽 세우기

공간을 제작하기 위해서는 바닥을 깔고 위에 벽을 먼저 세워 구조를 만든 뒤 오브젝트를 넣어 공간을 완성하기 때문에 먼저 바닥을 선택하고 색상 변경이 필요한 경우는 오른쪽의 색상 변경 버튼을 클릭한다. 또한, 사이즈를 키우고 싶을 때에는 오브젝트를 선택하고 오른쪽 모서리를 클릭하여 위로 드래그하면 커지고, 아래로 내리면 작아진다.

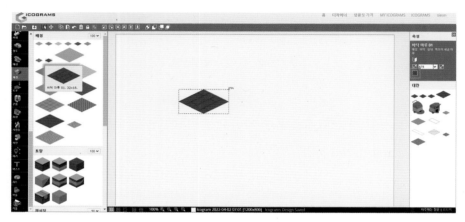

[그림 2-4-61] 바닥 삽입 및 색상 변경

오브젝트를 하나 넣고 사이즈를 적절히 조절하였으면 복사 붙여넣기를 하여 넣어준 뒤 배치하고, 예시 화면의 그룹 묶기 버튼을 클릭하여 하나의 개체로 만들어 준다.

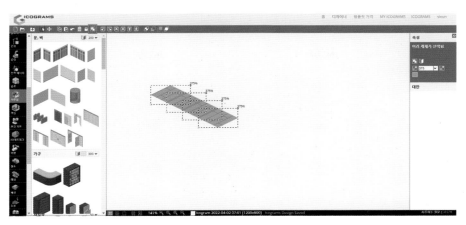

[그림 2-4-62] 바닥 그룹 묶기

이어서 벽면을 클릭하고 사이즈를 키워 준다. 이후 복사해서 붙여가며 벽을 세워 본다.

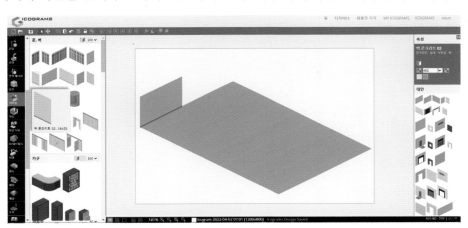

[그림 2-4-63] 벽 선택하여 삽입하기

벽과 벽이 만나는 지점을 만들려면 회전할 벽을 클릭하고 좌우 반전해 준다.

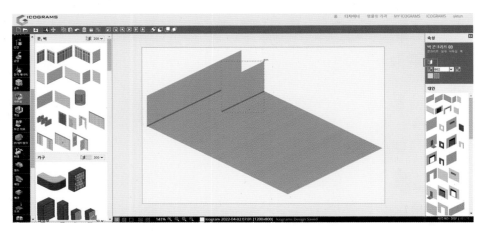

[그림 2-4-64] 벽 좌우 대칭하기

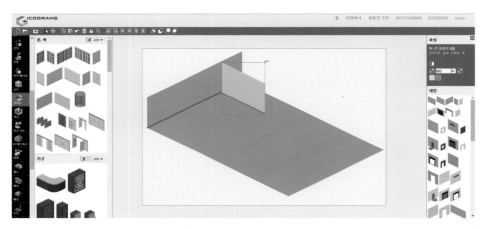

[그림 2-4-65] 반전 버튼 눌러 대칭하기

벽과 벽 사이에 사람들이 드나들 수 있도록 문을 설치한다. 벽과 문들은 보통 office, rooms에 많이 모여 있다.

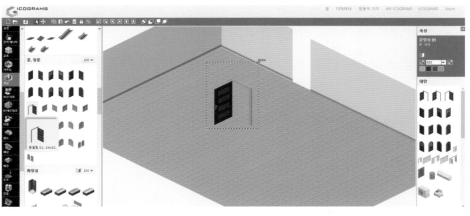

[그림 2-4-66] 문 설치

바닥과 벽 그리고 문 선택이 완료되었다. 보통 이렇게 기본 공간 틀을 잡아 두고 안의 오브젝트를 채워가기 시작한다.

3) | 오브젝트 배치

이제 공간에 맞는 오브젝트들을 가져다 놓으면 된다.

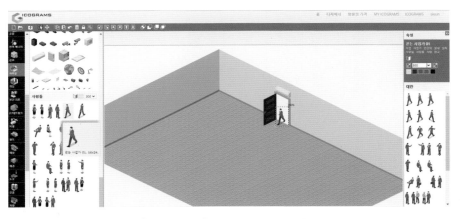

[그림 2-4-67] 필요한 오브젝트 설치

앞에 놓인 책상 같은 경우는 물론 office 카테고리에 있는 책상들을 가져다 사용해도 되고, 다른 카테고리에 있는 오브젝트를 가져와 색상만 변경하여 사용하여도 상관없다. 예시에서는 슈퍼마켓 카테고리의 전시대를 가져와 책상처럼 표현해 보았다.

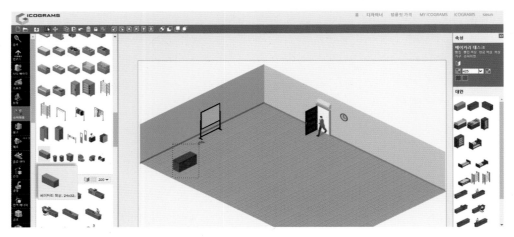

[그림 2-4-68] 오브젝트 설치

[그림 2-4-69] 오브젝트 설치

4) 내 이미지 업로드

작업을 하다 보면 학교 로고, 회사 로고를 비롯해 나만의 이미지를 써야 하는 경우가 많이 발생한다. 좌측 상단의 "Uploads"를 클릭하여 파일을 선택하고 620kb 이하의 이미지를 업로드해 준다.

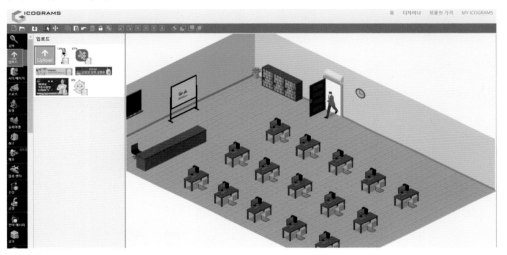

[그림 2-4-70] 내 이미지 삽입

업로드할 이미지를 선택하고 업로드 버튼을 클릭하면 이미지가 삽입된다.

[그림 2-4-71] 이미지 업로드

이미지를 삽입하면 정면을 바라보고 있으므로 벽에 붙은 효과를 내고 싶다면 오른쪽의 회전 버튼을 눌러 벽면에 입체감 있게 붙여 준다.

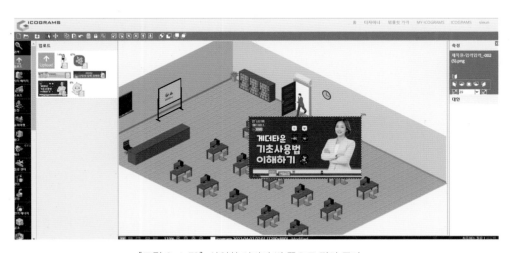

[그림 2-4-72] 삽입한 이미지 벽 쪽으로 꺾어 주기

5가지 회전 효과는 다음과 같이 보인다. 공간에서 필요한 배치에 따라 회전시켜 사용하면 된다.

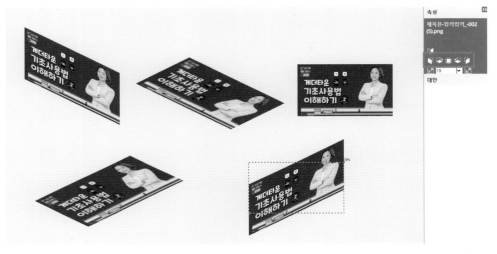

[그림 2-4-73] 5가지 회전 효과

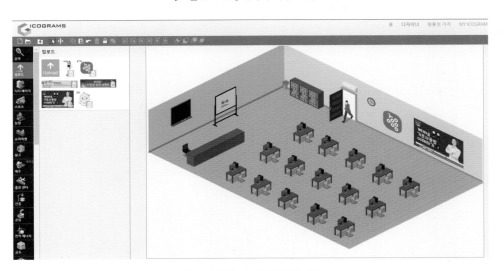

[그림 2-4-74] 이미지 회전한 모습

5) 아이코그램스 제작법

앞선 방법들을 활용하여 아이코그램스로 게더타운에 활용할 이미지들을 제작할 수 있다. 필자가 제작한 예시를 보며 간단하게 한 번씩 만들어 보는 것을 추천한다.

(1) 입구 제작

입구는 캐릭터들이 내부 공간을 본격적으로 투어하기 앞서 처음 입장해서 둘러보도록 기획해 보면 좋다. 예시처럼 노란색 박스를 얹어 입장 시 노란 박스 안에서 서서 기다리게 한다든지 혹은 그 안에 환영 팝업을 띄울 수도 있다. 해당 공간은 배경을 먼저 설치하고 그 위에 건물 오브젝트들을 드래그해서 하나씩 넣었으며, 내부에서 지나가는 길은 타일 바닥을 추가하여 느낌을 더욱 살려 보았다.

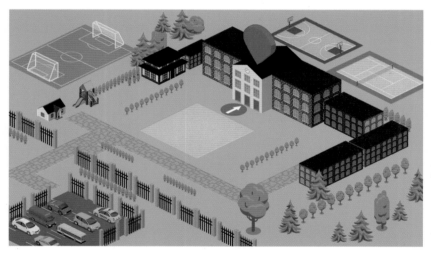

[그림 2-4-75] 아이코그램스로 작업한 외관 예시

아울러 필자가 직접 작업한 일러스트로 제작한 외관 예시를 보더라도 아이코그램스로 얼마든지 비슷하게 느낌을 낼 수 있으므로 다양하게 시도해 보자

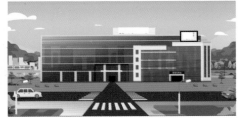

[그림 2-4-76] 아이코그램스 외관 작업(좌), 일러스트 외관 작업(우)

다음은 필자가 교육을 진행한 순천시청 내 공무원들이 직접 제작한 예시를 첨부해 보았다. 아이코그램스에 없는 초가집, 기와집 이미지를 얹어 표현하거나, 노을 지는 사진을 첨부하여 아이코그램스의 바닥 색상을 변경하여 노을 지는 해변을 표현해 보는 아이디어도 매우 인상적이다.

[그림 2-4-77] 아이코그램스로 작업한 다른 예시 [출처: 순천시청 작업 결과물]

로비를 제작하여 붉게 표시된 위치 등에 참여자들이 볼 수 있는 자료 등을 배치하면 좋다.

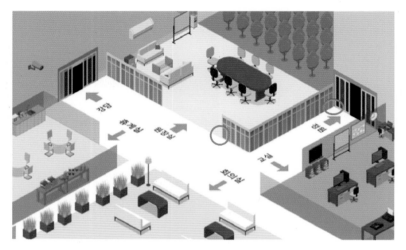

[그림 2-4-78] 아이코그램스로 작업한 로비 예시

(2) 교실 제작

교실은 한 번 제작해 두면 다양한 용도로 활용할 수 있다. 우측 벽면에 붙은 현수막만 교체한다든지 추천 영상 및 자료만 수정해서 참가자들이 볼 수 있도록 하면 편리하다. 아울러 제작한 교실 이미지는 하나의 방에만 쓰지 않고 "Create a new room"을 눌러 과목별 방을 추가해도 괜찮다.

[그림 2-4-79] 아이코그램스로 작업한 교실 예시

(3) 강당 제작

　강당 및 웨비나관은 여러 사람이 모이는 만큼 대기할 공간이라든지 스피치를 할 연단, 참석자들이 앉을 장소 등을 공간 안에 넣어 두면 좋다.

[그림 2-4-80] 아이코그램스로 작업한 강당 예시

6) | 실습 – 함께 2.5D 온라인 사무실 제작해 보기

앞서 2D로 제작해 본 온라인 사무실을 이번에는 아이코그램스로 2.5D로 함께 제작해 보자.

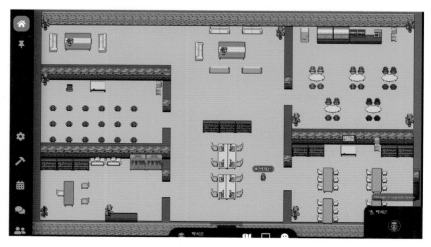

[그림 2-4-81] 2D로 제작한 이미지

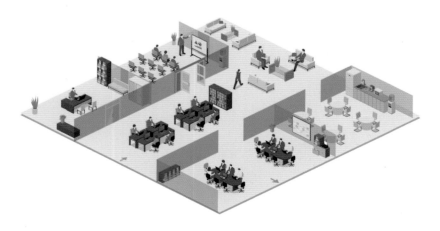

[그림 2-4-82] 2.5D로 제작한 이미지

아이코그램스를 열어 "Background"를 클릭하여 바닥을 설치하고 사이즈는 원하는
크기로 늘려 준다.

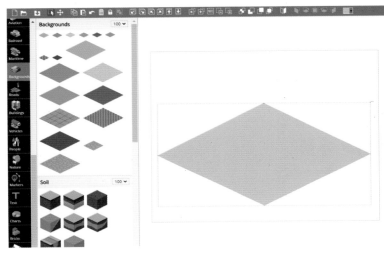

[그림 2-4-83] Background 선택

오브젝트를 클릭하여 색상을 변경해 주고, 입체감을 주기 위해 두 개를 겹쳐 놓아
주고, 아래에 오는 Background의 색상을 진하게 변경한다.

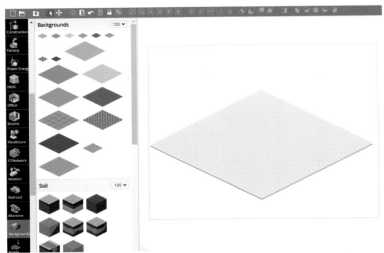

[그림 2-4-84] Background 색상 변경

바닥을 설치하고 이어서 벽을 설치해 준다. 책의 예시에서는 office 카테고리에서 Doors의 유리벽을 활용하였으며, 유리벽 하나를 설치 후 사이즈를 키운 오브젝트를 복사해서 사용하면 매번 사이즈 조절하는 번거로움을 줄일 수 있다.

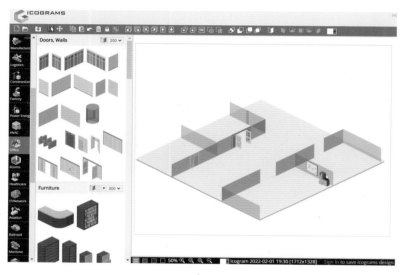

[그림 2-4-85] 벽 설치

사무실에 필요한 오브젝트들을 다양하게 배치해 보자. 오브젝트는 한 개씩 배치해도 되지만 겹쳐서 배치를 해도 괜찮다. 오브젝트들을 서로 겹칠 때는 마지막에 넣은 오브젝트가 가장 위에 올라와 있으므로 순서를 변경해 줘야 하며, 미세하게 움직이며 위치를 조정할 때에는 방향키로 하면 조금씩 이동할 수 있어 편리하다.

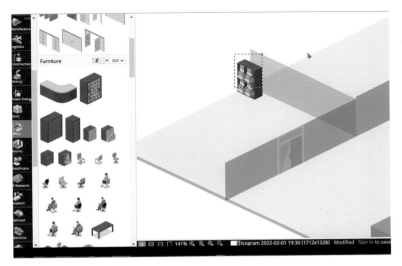

[그림 2-4-86] 오브젝트 삽입

또한, 같은 오브젝트라 하더라도 색상을 변경함으로써 다른 느낌을 줄 수 있다.

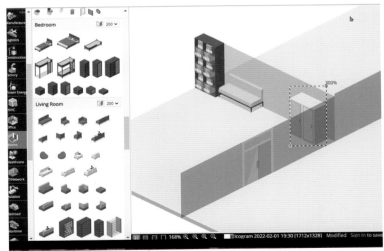

[그림 2-4-87] 오브젝트 색상 변경

공간에 맞춰 오브젝트들을 다양하게 삽입해 보고 예시에서 사용된 오브젝트 외에도 나만의 스타일로 꾸며 보자.

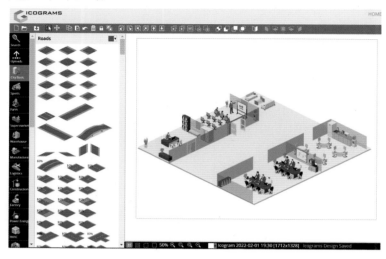

[그림 2-4-88] 오브젝트 배치

또한, 공간과 공간을 연결해 주는 포털 위치를 화살표 등으로 표시해 두면 효과를 적용할 때 위치를 헷갈리지 않아 편리하다. 본 예시를 꼭 만들어 보고 나만의 스타일로도 제작해 보는 것을 추천한다.

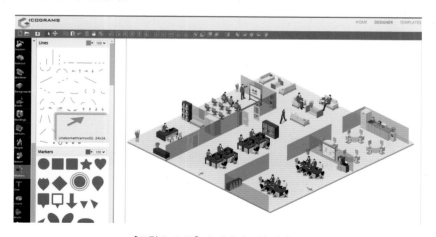

[그림 2-4-89] 온라인 사무실 완성

7) | 2.5D 이미지를 게더타운에 업로드하여 완성하기

(1) 2.5D 이미지 업로드(https://www.mapeditor.org/)

아이코그램스에서 이미지 제작을 완료하였다면 좌측 상단의 내려받기 버튼을 클릭
하여 이미지를 저장한다.

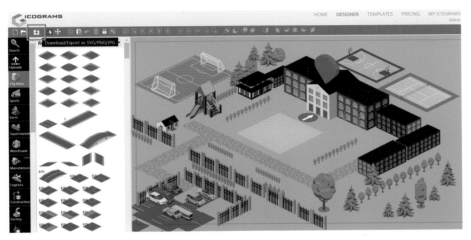

[그림 2-4-90] 아이코그램스 작업 이미지 다운로드하기

다운로드 시 PNG로 선택하면 되며 SVG는 유료 회원만 사용이 가능하다.

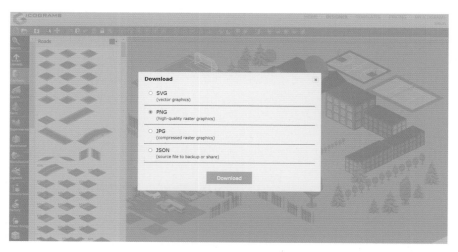

[그림 2-4-91] 아이코그램스 작업 이미지 다운로드하기

다운로드받은 이미지를 활용하여 방을 추가해 보자. 맵 메이커에서 룸 이름을 하나 적고 "Create a new room"을 눌러 새롭게 생성한다.

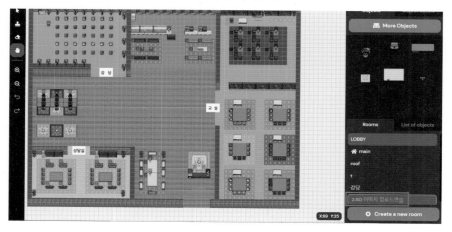

[그림 2-4-92] 맵 메이커에서 방 추가하기

이어서 가장 좌측의 "Create a blank room"을 선택하여 비어 있는 공간을 고른다.

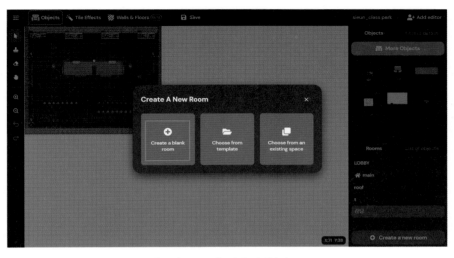

[그림 2-4-93] 빈방 선택하기

직접 벽과 바닥을 그려서 배경으로 할 것인지, 이미지를 첨부하여 배경으로 할 것인지 선택에서는 이미지 업로드를 선택하여 준다.

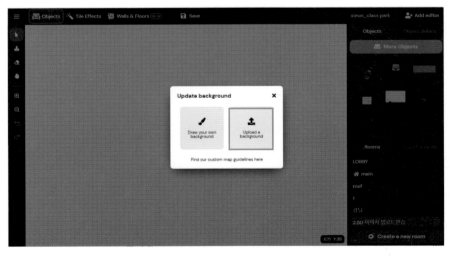

[그림 2-4-94] 이미지 업로드하여 백그라운드하기 선택

7) 2.5D 이미지를 게더타운에 업로드하여 완성하기   177

이와 같은 방식으로 배경을 계속 추가해 나가면 된다. 다만 주의할 점은 게더타운 자체에서 사이즈를 줄이는 기능이 없으므로 사전에 사이즈를 조절해서 업로드해야 한다. 사이즈는 아이코그램스에서 제작하면서 줄여도 괜찮고 혹은 완성된 이미지를 미리 캔버스 등에서 축소해서 사용해도 괜찮다.

[그림 2-4-95] 이미지 업로드 완료

(2) 2.5D 이미지에 타일 효과 씌우기

업로드 완료된 이미지에 공간 연결 및 임패서블 등 타일 효과를 씌워 완료한 뒤, SAVE 버튼을 눌러 완료한다. 맵 메이커에서 SAVE를 하고 나면 게더타운 맵에 바로 적용된다.

[그림 2-4-96] 업로드한 2.5D 이미지에 타일 효과 적용

예를 들어 좌측의 맵 메이커에서 오브젝트를 추가하고 SAVE 버튼을 누른 뒤, 별도로 창을 새롭게 열지 말고 주소창 위에 맵을 클릭해 보면 자동으로 업데이트되어 있으므로 편리하게 확인할 수 있다.

[그림 2-4-97] 맵 업데이트 확인

4. 타일드로 백그라운드/포그라운드 만들어보기

포그라운드는 가장 상단에 위치하고 있는 개념이다. 백그라운드가 가장 바닥에 있고 그 위에 오브젝트, 게더타운 캐릭터 등이 있기 때문에 그 위에다 오브젝트를 놓을 수 있고 캐릭터들이 돌아다닐 수 있게 되어 있다. 포그라운드는 가장 상위에 있어서 캐릭터가 포그라운드 아래로 지나가게 된다.

타일드 프로그램을 사용하면 손쉽게 포그라운드를 제작할 수 있다.

1) 타일드 설치하기(https://www.mapeditor.org/)

[그림 2-4-98] 타일드 검색

사이트로 접속하면 설치하는 화면이 뜨는데 가장 좌측의 초록색 "Download on itch.io" 버튼을 클릭한다.

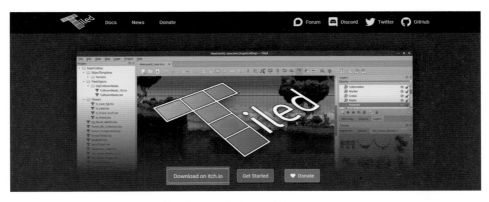

[그림 2-4-99] 타일드 다운로드 1

[그림 2-4-100] 타일드 다운로드 2

이어서 결제창이 나오는데 이때 결제하지 말고 위에 있는 "No thanks, just take me
to the downloads" 문구를 클릭한다.

[그림 2-4-101] 타일드 다운로드 3

windows, macOS, Linux 등 종류에 따라 각자 맞는 파일을 설치하면 된다.

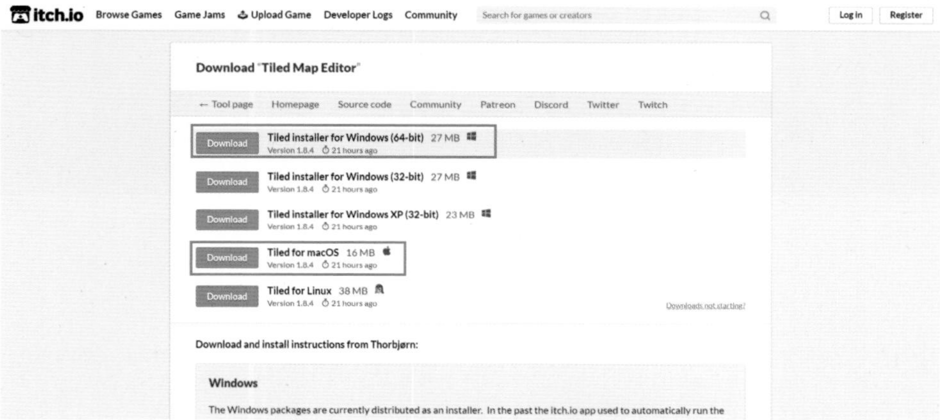

[그림 2-4-102] 다운로드 파일 선택

파일을 다운로드하여 설치하고 타일드 프로그램을 실행시키면 다음과 같이 창이 뜬다. 지금은 어떠한 맵도 열려 있지 않으므로 "New Map"을 클릭하여 제작을 시작한다.

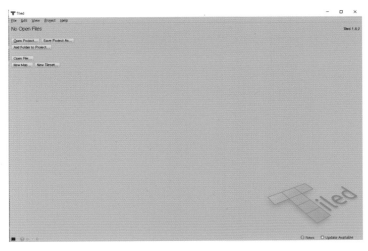

[그림 2-4-103] 타일드 첫 화면

타일드 맵 사이즈를 정하고 시작해야 하는데 게더타운 타일 사이즈는 32px이므로 타일 사이즈는 그대로 두고 맵 사이즈만 정해 본다. 책의 예시에서는 기본 설정인 가로 세로 30타일로 놓고 OK 버튼을 클릭하였다.

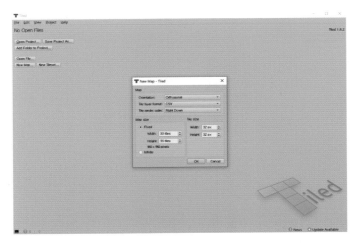

[그림 2-4-104] 맵 사이즈 설정

가로*세로 각각 30타일씩 설정되어 창이 열렸으며, 좌측은 여러 이미지가 삽입되는 캔버스이며 우측은 레이어 및 타일셋 등을 관리하는 영역이다.

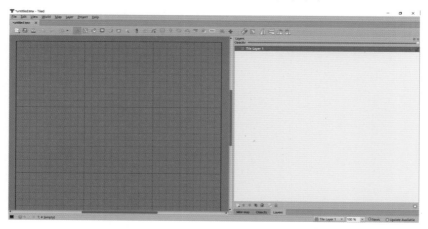

[그림 2-4-105] 타일드 첫 화면

불필요한 창은 우측 상단의 X 버튼을 클릭하여 닫으면 되지만 "View"의 "Views and Toolbas"를 클릭하고 필요한 메뉴바를 체크하면 다시 열리게 된다. 책에서는 캔버스 외 레이어창과 타일셋창만 열어두고 작업하였다.

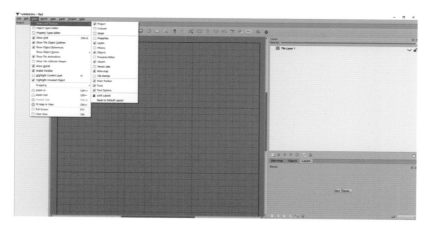

[그림 2-4-106] view 설정하기

2) │ 타일 에셋 다운로드하는 법(https://github.com/gathertown/)

타일드를 작업하기 위해서는 타일 에셋을 다운로드 하는 것이 좋은데 깃허브에 접속하여 게더타운의 mapmaking을 클릭하여 다운로드하면 된다.

[그림 2-4-107] 깃 허브 접속

클릭하면 굉장히 많은 폴더 리스트가 열리게 되는데 우측 상단의 초록색 Code 버튼을 클릭하여 Download ZIP을 다운로드 압축을 풀어준다.

[그림 2-4-108] 에셋 다운로드 하기

압축 파일을 풀어 주면 다음과 같이 에셋들이 확인된다. 앞으로 타일드에서 해당 에셋들을 바로 불러 작업할 수 있다.

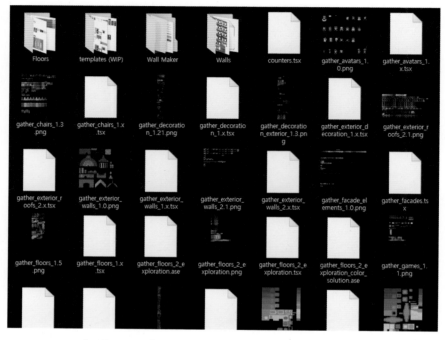

[그림 2-4-109] 타일드에서 바로 사용 가능한 게더타운 에셋

3) 백그라운드/포그라운드 제작 및 저장하기

앞선 내용에선 2D 혹은 아이코그램스를 활용한 2.5D 제작 방법도 안내하였지만, 타일드를 활용하여 맵을 제작하면 굉장히 편리하게 포그라운드를 적용할 수 있다.

(1) 타일 에셋 불러오기

타일드에서 작업하기 위해서는 가장 먼저 다운로드해 둔 타일 에셋을 불러와야 한다. 타일셋창에서 "New Tileset" 버튼을 클릭하여 추가하도록 한다.

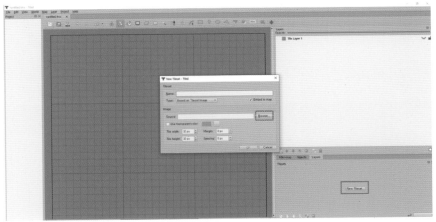

[그림 2-4-110] 타일 에셋 추가하기

폴더가 열리면 "gather_floors_1.5.png" 파일을 클릭하고 열기를 누른다.

[그림 2-4-111] floor 에셋 선택하기

선택이 완료되었으면 OK 버튼을 클릭하여 타일드에 추가한다.

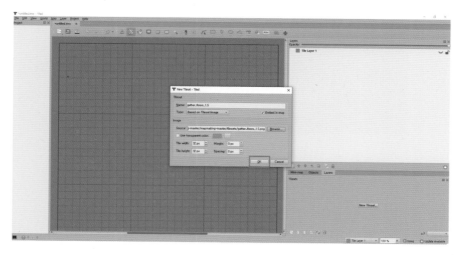

[그림 2-4-112] floor 에셋 추가하기

추가된 타일 에셋은 타일드의 타일셋창에 열리게 된다. 만약 창을 좀 더 크게 키워서 보고 싶은 경우는 타일셋창의 끝 선에 마우스를 대고 위쪽으로 끌어올려 주면 된다.

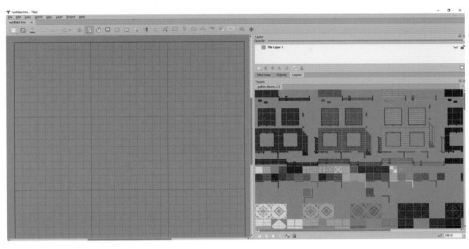

[그림 2-4-113] floor 불러온 화면

(2) 바닥 깔아보기

이어서 불러온 에셋에서 좌측 캔버스에 바닥을 깔아 보자. 원하는 바닥 스타일을 우측 타일셋창에서 클릭하고 Stamp 버튼을 선택하여 드래그를 하여 깔아 본다.

스탬프 버튼을 클릭하여 깔게 되면 같은 모양으로 균일하게 깔리게 된다.

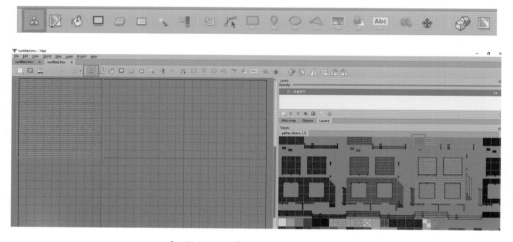

[그림 2-4-114] 균일하게 바닥 깔기

교실 마룻바닥, 야외 바닥 등 타일을 무작위로 섞어서 랜덤 스타일로 깔고 싶은 경우에는 깔고 싶은 타일을 모두 선택한 뒤 우측 메뉴창에서 주사위 모양 버튼(랜덤 모드)를 클릭한 다음, 좌측의 네모 모양의 "Shape Fill Tool"을 선택하여 채워 준다.

책의 예시처럼 까는 경우 마룻바닥의 모양이 불규칙적으로 랜덤 스타일로 깔리게 된다.

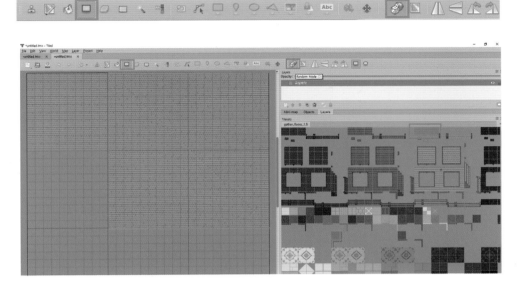

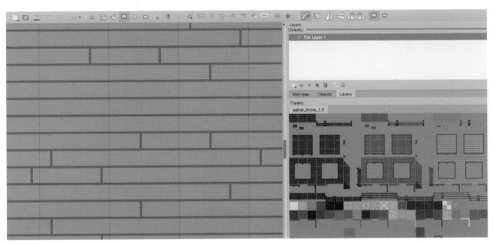

[그림 2-4-115] 랜덤 디자인으로 바닥 깔기

(3) 타일 에셋 추가하기

다른 타일 에셋을 추가하고 싶을 때에는 타일셋창 하단의 "New Tileset" 버튼을 클릭하여 선택해 준다.

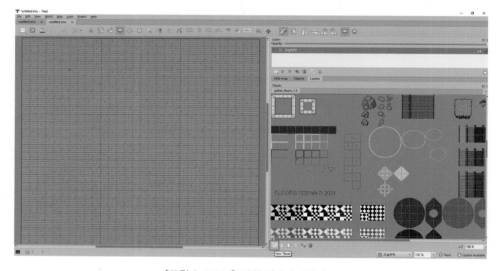

[그림 2-4-116] 타일 에셋 추가하기

책의 예시에서는 에셋에서 "gather_decoration_1.21.png"를 선택하였다. 원하는 에셋을 선택한 후 열기 버튼을 누르면 기존 에셋 옆에 추가된다.

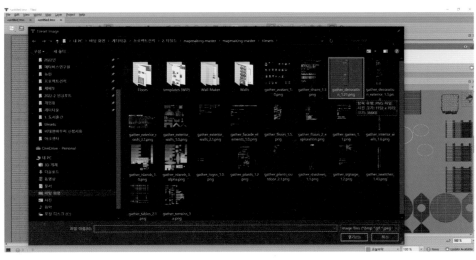

[그림 2-4-117] 에셋 추가하기

▶ tip: 여러 가지 에셋이 추가되면 에셋끼리 빠르게 이동하는 단축키는 키보드에서 [ ]을 눌러 좌우 이동을 해준다.

(4) 타일 레이어 추가하기

레이어의 개념은 여러 개의 이미지를 겹쳐서 표시하는 층이라고 생각하면 되는데 각각 레이어가 층을 이루어 쌓이면서 하나의 이미지를 이루게 된다. 타일 레이어는 선택한 레이어창에 삽입하는 오브젝트들이 쌓이게 되는 개념으로 가장 아래에 있는 레이어의 이미지는 제일 밑에 있게 되고 그 위로 올라오는 레이어의 이미지는 한 단계 위에 놓이게 된다.

예를 들어 가장 밑에 "교실 바닥" 타일 레이어를 설정하고 그 위에 "벽" 타일 레이어를 놓게 되면 벽의 타일 레이어가 교실 바닥의 타일 레이어보다 위에 있게 된다.

먼저 레이어창에서 가장 좌측의 추가하는 버튼을 눌러 "Tile Layers"를 클릭하고 두 개를 추가한 다음, 각각 이름을 더블클릭하여 "교실 바닥", "벽"으로 변경한다.

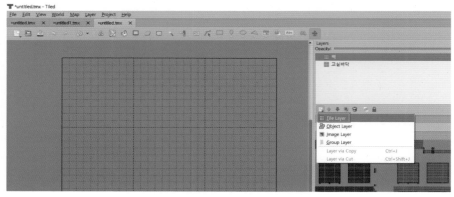

[그림 2-4-118] 타일 레이어 추가하기

먼저 교실 바닥 레이어를 선택하고 "floor" 에셋을 열어 준다. 풀을 드래그 후 윗줄의 메뉴줄에서 랜덤으로 채우기를 선택한 후, 우측 하단 사선 방향으로 드래그해 주면 전체 캔버스에 채워진다.

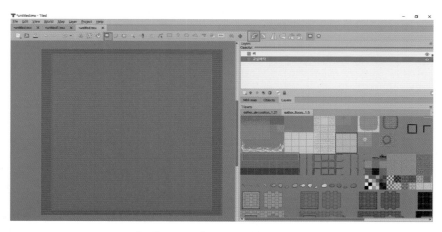

[그림 2-4-119] 랜덤 풀밭 설치하기

풀밭 하나만 설치할 수 있지만 추가로 하고 싶은 경우 다른 바닥도 선택하여 동시에 깔아 준다. 이 경우 같은 레이어창에 해도 되고 각각 레이어창을 생성해서 해도 된다.

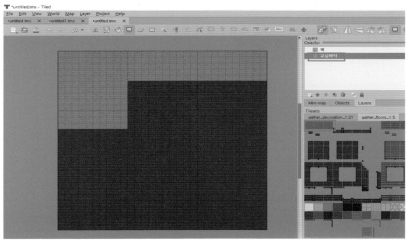

[그림 2-4-120] 마룻바닥 추가하기

이어서 벽 레이어창을 선택하고 벽을 설치한다. 벽을 설치하기 위해서 "gather_interior_walls" 타일 에셋을 한 번 더 추가해야 한다.

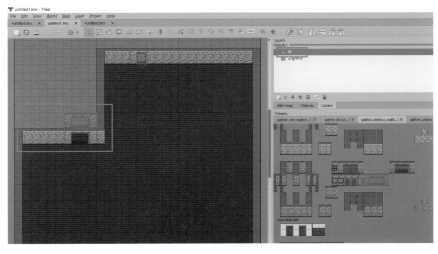

[그림 2-4-121] 벽 레이어창에 설치

레이어가 각각 잘 적용되었는지 확인해 보자. 우측 상단의 레이어창에서 벽 레이어창
은 잠시 *끄고*(우측의 눈 표시를 클릭하면 눈 감음 표시로 되면서 꺼짐) 교실 바닥 레이어창만 보인다.

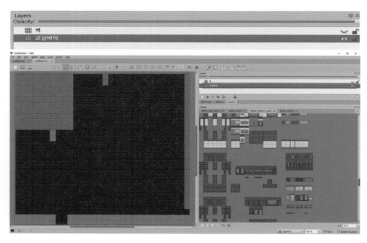

[그림 2-4-122] 교실 바닥 레이어 확인

반대로 벽 레이어창만 열고 교실 바닥 레이어창은 닫은 경우 아래와 같이 벽만 보이
게 된다.

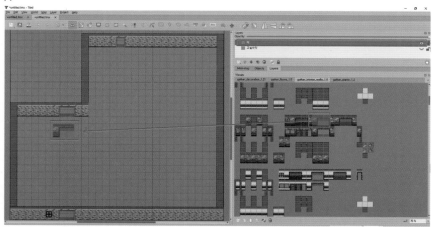

[그림 2-4-123] 벽 레이어 확인

(5) 백그라운드 & 포그라운드 각각 저장하기

이제 각각의 레이어를 저장하고 게더타운에 업로드하여 어떤 식으로 보이는지 확인해 보도록 한다. 한 번에 저장하면 안 되고 각각 레이어창만 열어서 저장해야 한다. 먼저 교실 바닥을 저장할 때는 벽 레이어창은 닫아둔 상태에서 좌측 "File -> Export As Image"를 클릭한다.

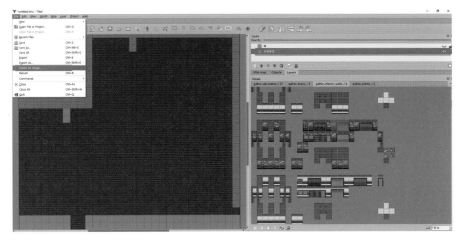

[그림 2-4-124] 백그라운드 "교실 바닥" 이미지로 다운로드

이때 저장 위치가 나오게 되는데 "Browser"를 클릭하여 저장할 위치와 이름을 설정해 준다.

하단의 세팅은 "Only include visible layers"로 선택한다.

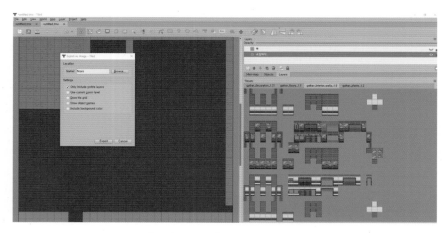

[그림 2-4-125] 저장 위치 선택

책의 예시 이름은 floor로 설정해 보았다.

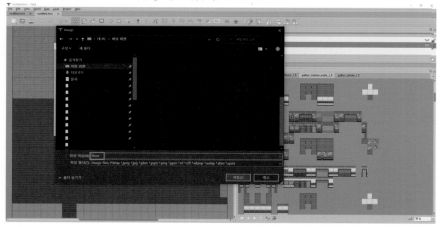

[그림 2-4-126] 이름 설정

같은 방법으로 포그라운드에 해당되는 벽 레이어창도 저장하고 저장 이름은 walls
로 설정하였다.

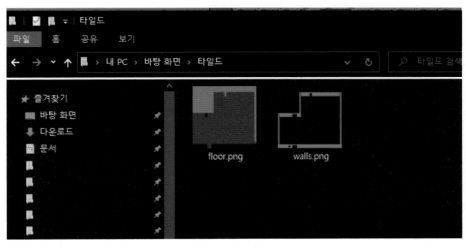

[그림 2-4-127] 백그라운드 & 포그라운드 이름 설정

(6) 게더타운 맵 메이커에 적용해 보기

게더타운 맵 메이커를 열어 왼쪽 메뉴창을 열어 "Background & Foreground"를 선택하고 Upload Background를 눌러 업로드한다.

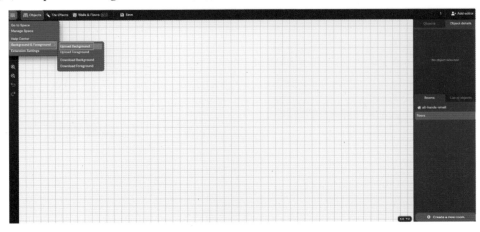

[그림 2-4-128] 맵 메이커에 업로드하기

3) 백그라운드/포그라운드 제작 및 저장하기　199

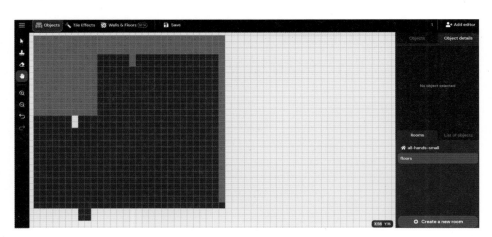

[그림 2-4-129] 백그라운드 업로드 완료

백그라운드 이미지인 교실 바닥 레이어창의 이미지가 업로드된 것이 확인된 후, 이어서 "Upload Foreground"를 선택한다.

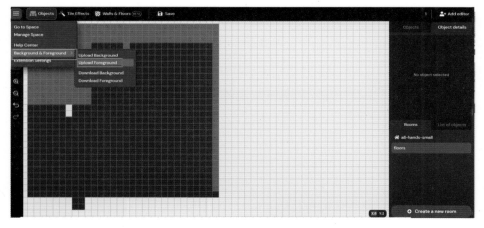

[그림 2-4-130] 맵 메이커에서 포그라운드 업로드

"Upload a foreground"를 눌러 업로드해 준다.

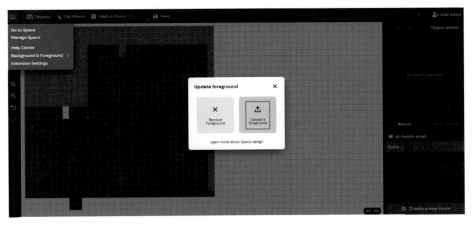

[그림 2-4-131] 포그라운드 업로드 버튼 클릭

백그라운드 위에 포그라운드까지 업로드가 완료되었다.

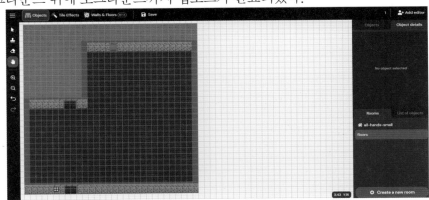

[그림 2-4-132] 포그라운드 설정 완료

앞서 이야기하였듯이 포그라운드는 백그라운드 위에 설치되는 전경으로 아바타는 포그라운드 아래로 다니게 된다.

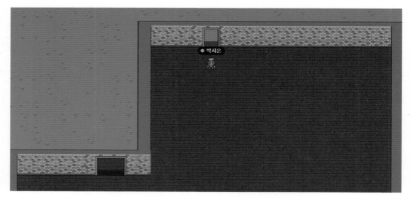

[그림 2-4-133] 아바타가 맵에 등장한 모습

아바타가 이동할 때 포그라운드인 벽쪽으로 다가가면 문 아래로 지나가게 된다. 이런 식으로 나무 아래, 출입문 아래 등 게더타운 캐릭터가 밑으로 지나가야 하는 경우에는 포그라운드로 작업하고 저장해야 한다.

[그림 2-4-134] 포그라운드 문 아래로 지나가기

4) | 실습 - 타일드로 게더타운 맵 제작해 보기

지금부터 타일드로 멋진 정원을 꾸며 보자. 먼저 타일드를 실행시키고 타일 에셋들을 불러온다. 책에서 사용한 에셋은 chairs, floors, walls, plants, tables를 불러와서 작업하였으며 영상을 시청하면 바로 다운로드할 수 있도록 링크도 걸어두었으니 필요한 경우 다운로드하여 사용하면 된다.

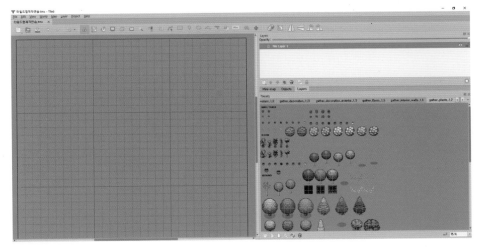

[그림 2-4-135] 타일셋에 타일 에셋을 다 불러온 모습

작업을 시작하기 전에 타일 레이어를 먼저 정리하는 것이 좋다. 각각 레이어 창에 오브젝트를 놓을 것이기 때문에 구분되도록 타일 레이어창을 추가하고 이름을 더블클릭하여 변경하도록 한다. 책의 예시에서는 "정원 바닥", "의자", "꽃" 등으로 변경해 두었다.

[그림 2-4-136] 타일 레이어 추가하기

또한, 그룹을 지어 두면 좋은데, 백그라운드와 포그라운드로 나누어 그룹화시켜 두면 저장할 때 편리하다. 그룹 레이어를 눌러 폴더를 넣고 각각의 이름을 "백그라운드"와 "포그라운드"로 저장해 준다.

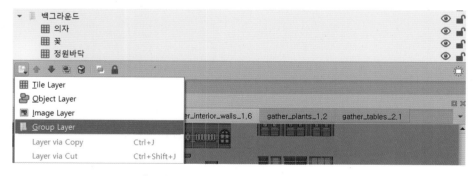

[그림 2-4-137] 그룹 레이어로 추가하기

포그라운드는 앞서 이야기한 것처럼 백그라운드와 게더타운 캐릭터보다 위에 있는 개념이므로 정원에서 아바타들이 나무 뒤로 지나가도록 포그라운드에 나무들을 설정해 두었다.

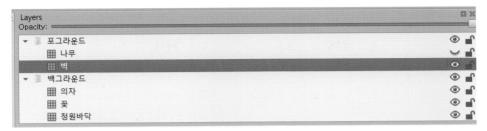

[그림 2-4-138] 그룹 레이어 정리

가장 먼저 레이어창에는 백그라운드의 정원 바닥 레이어창을 클릭하고, 아래 타일
셋은 "floor"를 눌러 잔디를 선택 후 랜덤 채우기로 잔디를 전체 화면에 깔아 준다.

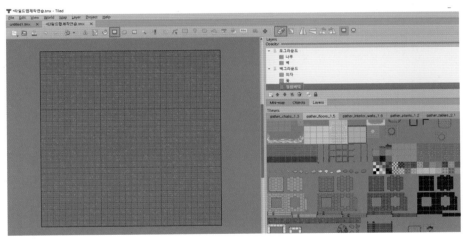

[그림 2-4-139] 백그라운드 – 정원 바닥 레이어 잔디 깔기

그 다음은 꽃 레이어창을 누르고 plants 타일셋을 눌러 꽃과 나무들을 설치해 준다.
백그라운드 폴더에 넣는 것이므로 게더타운 맵에서는 게더타운 캐릭터가 오브젝트 위
에 위치하게 된다. 같은 나무더라도 나무 하단의 밑동 부분만 백그라운드로 넣고 위의
나무 부분은 포그라운드에 넣으면 더욱 입체적으로 보이게 된다. 같은 이유로 나무 아

래 그림자들만 백그라운드에 넣어 주었다.

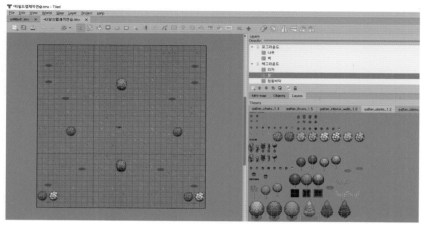

[그림 2-4-140] 백그라운드 – 꽃 레이어 꽃, 나무 깔기

이어서 의자 레이어창을 누르고 chairs 타일셋을 눌러 다양한 의자들을 넣어 준다.

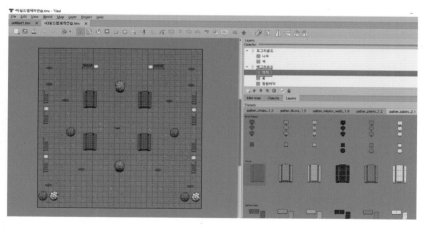

[그림 2-4-141] 백그라운드 – 의자 레이어 의자 깔기

이번엔 포그라운드 영역의 레이어를 깔아 준다. 먼저 벽 레이어창을 선택하고 walls 타일셋을 눌러 벽을 설치해 준다.

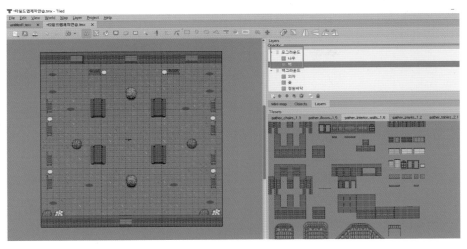

[그림 2-4-142] 포그라운드 – 벽 레이어 벽 설치하기

마지막으로 나무 레이어창을 누르고 plants 타일셋에서 나무들을 깔아 준다. 아까 백그라운드에서 나무 그림자들만 깔아둔 자리 위에 나무들을 넣어 준다.

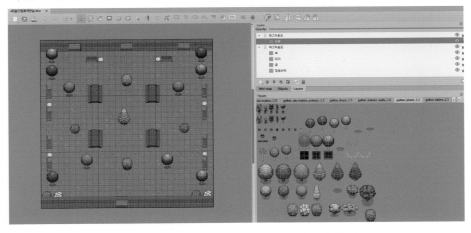

[그림 2-4-143] 포그라운드 – 나무 레이어 나무 설치하기

게더타운 맵에서 보면 백그라운드의 꽃과 포그라운드 꽃은 보이는 위치가 다르다.

백그라운드는 캐릭터가 위에 있고 포그라운드는 아래로 들어간다. 즉 포그라운드는 나무 위로 통과하는 것이 아니라 나무 아래로 지나다닐 수 있도록 설정한 것이다.

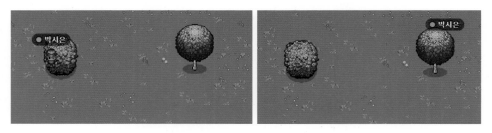

[그림 2-4-144] 백그라운드 나무(좌) 포그라운드 나무(우)

자, 이제 각각 저장해 보도록 하자. 먼저 포그라운드를 저장할 때에는 백그라운드 폴더들은 꺼 두고 포그라운드만 열어 저장해야 한다.

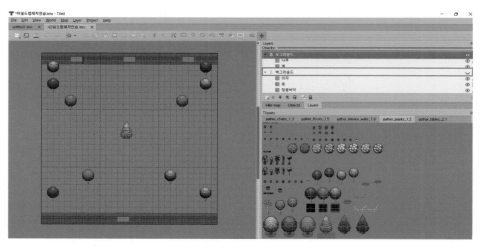

[그림 2-4-145] 포그라운드 저장

[그림 2-4-146] 포그라운드만 열어 주기

저장 폴더를 선택하고 이름 설정을 한 뒤 Export 버튼을 눌러 저장해 준다.

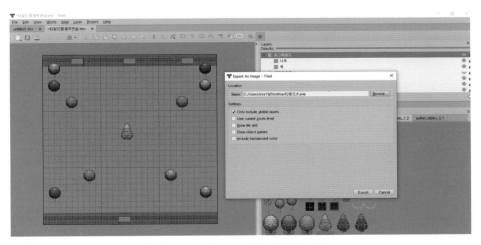

[그림 2-4-147] 포그라운드 폴더에 저장

이어서 백그라운드 저장을 하기 위해선 아까와는 반대로 포그라운드 폴더를 꺼 두고 백그라운드만 열어 저장한다.

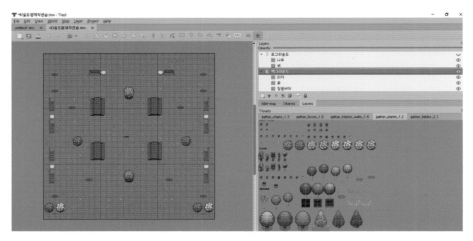

[그림 2-4-148] 백그라운드 저장

역시 같은 방법으로 폴더와 이름을 지정하고 Export 버튼을 눌러 저장을 완료한다.

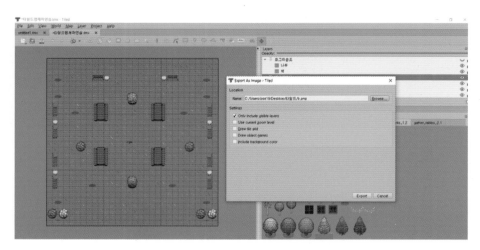

[그림 2-4-149] 백그라운드 폴더에 저장

두 이미지를 각각 다운로드하면 폴더에 이렇게 보이게 된다. 두 개의 이미지가 겹치

면서 멋진 게더타운 맵이 완성되게 된다. 책의 예시에서는 백그라운드는 b.png로, 포
그라운드는 f.png로 각각 저장하였다.

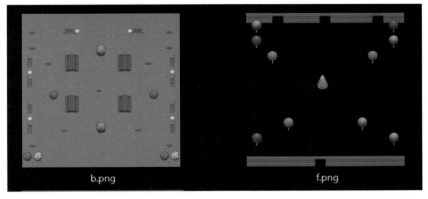

[그림 2-4-150] 저장된 이미지 모습

이제 작업을 완료하였으니 게더타운 맵 메이커를 열어 백그라운드 먼저 업로드하도
록 하자.

방을 blank 템플릿을 선택하고 Upload background를 눌러 "b.png" 파일을 선택하
고 업로드해 준다.

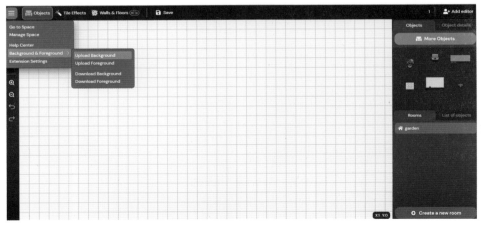

[그림 2-4-151] 백그라운드 업로드

백그라운드가 업로드된 것을 확인할 수 있다.

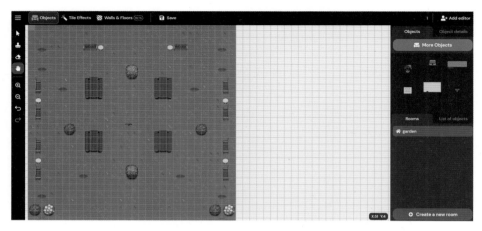

[그림 2-4-152] 백그라운드 업로드 완료

이어서 포그라운드도 "Upload Foreground"를 눌러 "f.png" 파일을 선택한 후 업로드를 한다.

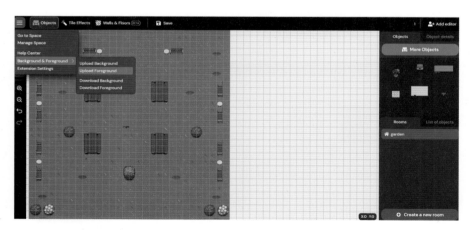

[그림 2-4-153] 포그라운드 업로드

포그라운드까지 업로드가 완료되었다.

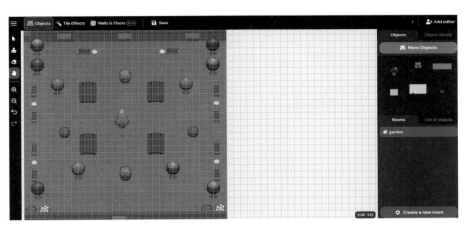

[그림 2-4-154] 포그라운드 업로드 완료

눈으로 보기에는 똑같은 하나의 이미지처럼 보이지만, 포그라운드는 백그라운드 이미지 상단에 겹쳐 있는 상황이다.

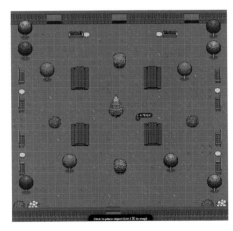

[그림 2-4-155] 게더타운 맵 업로드 완료

캐릭터가 포그라운드 나무로 지나가면 이렇게 아래로 지나가는 것이 확인할 수 있다.

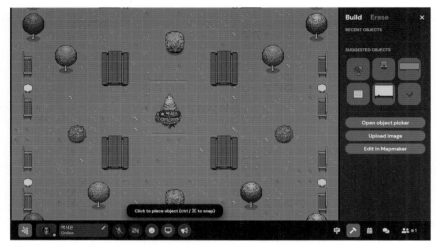

[그림 2-4-156] 포그라운드 아래로 지나가는 모습

이미지들을 모두 업로드 및 확인한 다음, 다시 맵 메이커로 돌아와 다양한 타일 효과를 적용시키면 된다. 책의 예시에서는 임패서블, 스폰, 프라이빗 에어리아를 설정해 보았다.

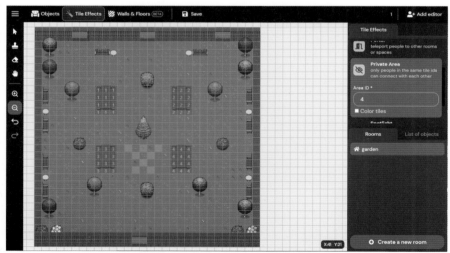

[그림 2-4-157] 타일 효과 적용하기

마지막으로 게더타운에서 캐릭터를 움직여 확인해 보면 타일 효과까지 잘 적용된 것을 확인할 수 있다.

[그림 2-4-158] 타일 효과가 적용된 게더타운 맵

직접 맵을 제작하는 다양한 방법들을 안내하였는데, 여기에 함께 적용하면 좋은 사이트가 있어 소개하고자 한다. 바로 나만의 가상 전시관을 만드는 사이트인데 그림, 유튜브 등을 다양하게 전시할 수 있어 활용도가 매우 높다.

5. 가상전시관 아트스텝스 활용하기(https://www.artsteps.com/)

1) 가입 및 방 생성하기

크롬 창에서 아트스텝스로 접속하고 "Sign up" 버튼을 클릭하여 회원 가입을 한다.

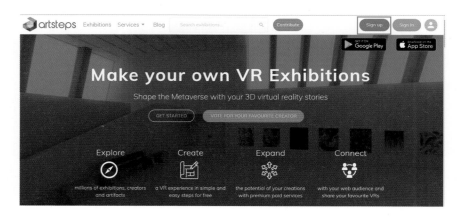

[그림 2-4-159] 아트스텝스 접속

가입은 이메일 주소를 넣어도 되고 구글로 바로 가입해도 상관없다.

[그림 2-4-160] 아트스텝스 가입하기

가입이 완료되었으면 Create 버튼을 눌러 새롭게 전시관을 생성해 보자

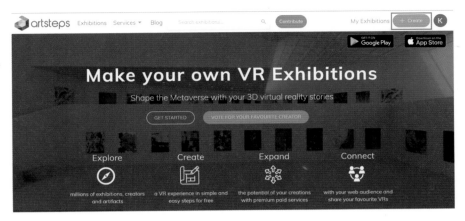

[그림 2-4-161] 새 전시관 생성하기

그럼 다음과 같이 전시관을 생성하는 첫 화면이 열리게 되는데, 직접 그려도 되고 왼쪽에 나열된 템플릿을 선택해도 된다.

2) 템플릿 선택하기

[그림 2-4-162] 아트스텝스 첫 화면

템플릿 중 두 가지를 열어 보았다. 둘 다 전시 작품처럼 나열해서 사용하기 좋은 템플릿들이다.

[그림 2-4-163] 아트스텝스 템플릿

책의 예시에서는 두 번째 템플릿인 "odern Venue"를 선택해 보았다. 또한, 시작 지점을 선택할 수 있는데 설정해 둔 위치에 처음 접속할 때 등장하는 위치가 된다.

[그림 2-4-164] 템플릿 선택 및 시작 지점 설정

안에 이미지, 영상 자료들을 넣기 위해서는 항공 탑뷰보다는 맵 안으로 직접 들어가서 다니면서 설치하는 편이 훨씬 편하므로 우측의 사람 버튼을 클릭해서 시야를 조정해 준다.

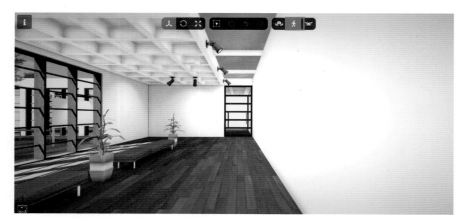

[그림 2-4-165] 시야 조정하기

이제 이미지와 영상 링크 등을 삽입할 수 있는데, 화면을 내 시야에 맞게 잘 돌리는 방법은 스페이스바를 누르고 있는 상태에서 마우스로 방향을 바꾸는 것이다. 아울러 마우스 휠을 위로 올리면 확대되고 아래로 내리면 맵이 축소된다. "Add image" 버튼을 눌러 이미지를 추가해 보자.

3) 이미지, 영상 URL 삽입하기

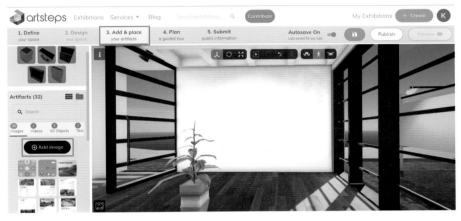

[그림 2-4-166] 이미지, 영상 삽입하기

Upload option은 업로드할 것이 파일인지 URL인지 선택할 수 있다. 먼저 업로드할 이미지를 준비하고 "Drag and drop a file here or click"을 눌러 업로드한다.

Title은 이미지 제목을 적고 Description 영역은 해당 이미지에 대한 설명을 적는다.

[그림 2-4-167] 이미지 업로드하는 법

책의 예시에서는 멋진 순천의 노을 사진을 활용하여 타이틀과 설명을 적어 보았다.
다 적고 난 뒤 우측 상단의 Save 버튼을 클릭하여 저장해 준다.

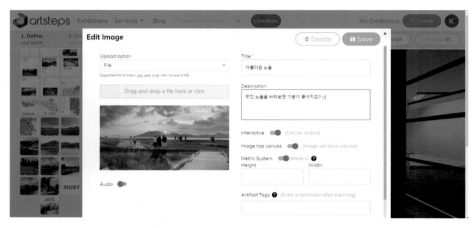

[그림 2-4-168] 이미지 업로드 예시

설치하고 싶은 위치에 드래그해서 클릭하면 그 위치에 이미지가 삽입된다. 아울러
액자처럼 테두리도 원하는 대로 변경할 수 있다.

[그림 2-4-169] 이미지 업로드 완료

해당 이미지와 설명을 아트스텝스 전시관에서 가까이 다가가 보면 이렇게 제목과 설명이 확인되는 것을 볼 수 있다.

[그림 2-4-170] 아트스텝스 이미지 확인

영상 역시 이미지와 같은 방법으로 업로드할 수 있는데, 영상을 바로 올리는 것이 아니라 URL을 올리면 된다. 좌측의 Add video 버튼을 클릭한다.

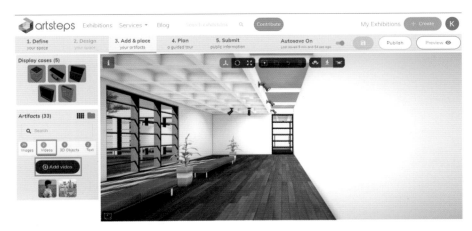

[그림 2-4-171] 영상 업로드하기

Upload option에서 youtube를 선택하고 밑에 유튜브 링크를 입력해 주면 자동으로 썸네일이 연동된다. 아트스텝스에도 해당 썸네일들이 걸리게 된다.

[그림 2-4-172] 영상 선택하기

영상 역시 놓고 싶은 위치에 선택해서 클릭하면 위치하게 된다. 보여 줄 홍보 영상이 많은 경우 한 벽면에 영상들을 쭉 나열해 두는 것도 좋은 방법 중 하나이다.

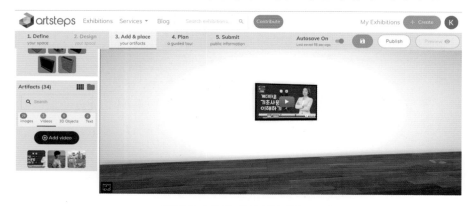

[그림 2-4-173] 영상 삽입 완료

영상은 클릭하면 아래와 같이 큰 화면으로 열리면서 유튜브 영상을 바로 시청할 수 있다. 실제 유튜브에서 보는 것처럼 뒤로 가기, 앞으로 가기, 잠시 멈추기, 소리 조절 등 자유롭게 조절하며 시청할 수 있어 편리하다.

[그림 2-4-174] 영상 시청하기

그 외 놓고 싶은 작품들이 있거나 홍보 이미지가 있다면 자유롭게 추가하면 된다. 크기 조절 및 방향 조절은 이미지를 클릭했을 때 보이는 빨강, 파랑, 초록 버튼으로 조절하면 된다.

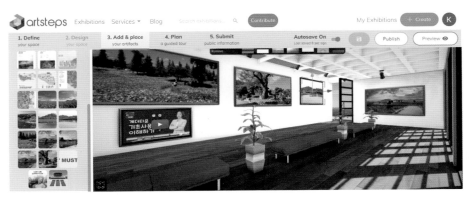

[그림 2-4-175] 이미지 추가하기

빨간 화살표: 좌우 이동 / 초록 화살표: 상하 이동 / 파란 화살표: 앞뒤 이동
이미지 조절하는 색상을 익혀 두고 원하는 대로 조절하면 된다.

[그림 2-4-176] 이미지 조절하기

전시관에 이미지 혹은 영상을 넣은 경우 실제 맵에서 어떻게 보이는지 미리 보면서 확인
할 수 있는데, 우측의 Preview 버튼을 누르면 현재 작업한 부분까지 해서 미리 볼 수 있다.

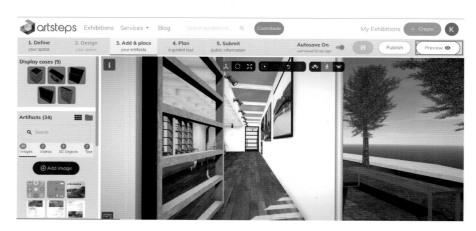

[그림 2-4-177] 미리 보기

미리 보고 다시 편집 화면으로 돌아가려면 같은 위치에 있는 Edit 버튼을 누르면 다시 편집할 수 있는 화면으로 돌아간다.

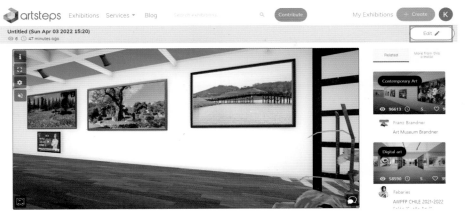

[그림 2-4-178] 편집 화면으로 돌아가기

모든 편집이 완료되었다면 이제 게더타운에 연결해 보도록 하자. My Exhibitions 버튼을 누르면 내가 지금까지 작업한 모든 아트스텝스 콘텐츠가 확인된다. 방금 작업한 콘텐츠를 클릭하면 맵이 열리게 된다.

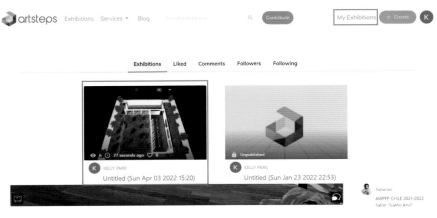

[그림 2-4-179] 내 아트스텝스 콘텐츠 모아 보기

내가 만든 전시관이 잘 확인되었다면 화면 하단에 있는 공유 버튼을 클릭하여 링크를 생성한다.

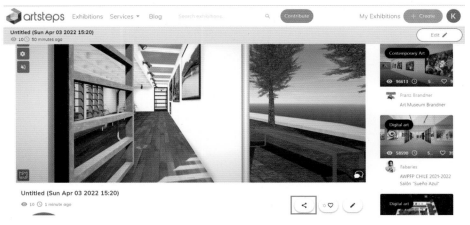

[그림 2-4-180] 공유 버튼 클릭

모든 것을 다 복사하는 것이 아니라 "https가 시작하는 지점부터" frameborder 앞의 콤마까지 복사해 준다.

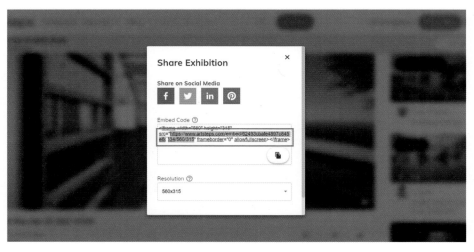

[그림 2-4-181] 링크 복사

4) | 게더타운에 연결하기

복사까지 완료되었다면 게더타운을 열어 오브젝트 영역에 넣어 준다. 반드시 웹사이트 부분에 넣어야 잘 연결된다.

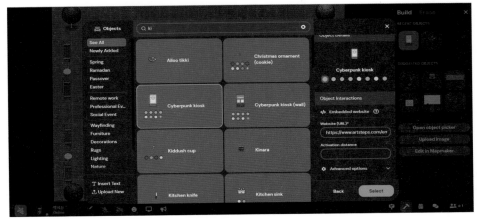

[그림 2-4-182] 게더타운에 입력하기

웹사이트가 잘 연결되고 캐릭터가 다가가면 "작품 구경 가기"라는 문구가 뜨며 X키를 누르도록 활성화된다.

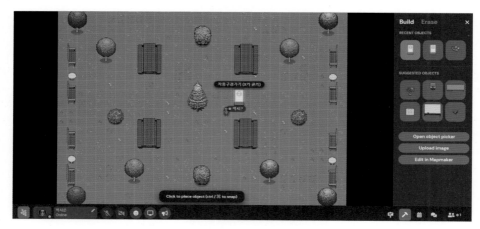

[그림 2-4-183] 오브젝트 활성화

X키를 누르면 앞에서 제작한 아트스텝스가 잘 열리는 것이 확인된다. 이처럼 작품을 전시하거나 홍보물 등을 멋지게 전시해서 연결하고 싶은 경우라면 아트스텝스를 권장한다.

[그림 2-4-184] 게더타운에서 열리는 아트스텝스

3

게더타운(Gather.town) 플랫폼 활용 제안

지금까지는 게더타운은 무엇이고 새로운 방을 구성하는 법, 방을 수정하는 법 등 전반적인 과정을 함께 알아보았다. 내가 어떤 목적을 갖고 게더타운 방을 만드느냐에 따라 결과물은 모두가 다르게 나올 수 있으며, 세상에 하나밖에 없는 멋진 공간이 탄생하게 될 것이다.

아울러 많은 산업군에서는 게더타운을 활용해 회의 및 행사 등을 진행하고 있다. 그만큼 기업에서 부각시키고 싶은 부분을 여러 상호작용을 통해 많은 사람에게 경험시켜 줄 수 있기 때문이다. 따라서 해당 사이트를 잘 활용할 수 있도록 연습한다면 누구보다 근사한 게더타운 맵을 만들어 활용하게 될 수 있게 될 것이며 나아가서는 누군가를 위해 맵을 제작해 주는 경험도 쌓게 될 것이다.

1. 게더타운 내 교육 및 행사 기획하기

메타버스는 현실 세계와 같은 가상공간에서 사회·경제·문화 활동 등이 이뤄지는 공간이며, 게더타운은 나를 대신하여 내 캐릭터가 공간을 꾸미고 게임, 대화 등 다양한 활동을 할 수 있는 대표적인 메타버스 플랫폼이다. 기존 오프라인 수업 및 행사는 외부 환경 요인으로 인해 중단 및 취소되는 경우가 발생하였고, 그에 따라 온라인 수업 환경으로 옮겨 진행을 했었지만 그 역시 일방적으로 교사의 화면만을 바라보고 있어야 하는 학생들은 피로도가 상승하게 되었다.

따라서 이제는 온라인 교육에 메타버스 요소를 접목하여 학생들 스스로 메타버스 안에서 수업 공간을 구성해 보기도 하고, 혹은 교사가 마련해 둔 공간 안에서 움직이며 교사와 학생이 참여하는 학습을 기획해 보는 시대가 도래했다.

게더타운 안에서 이뤄질 수 있는 교육은 비단 학교뿐만 아니라 공공기관, 사기업 등에서도 입사 교육을 비롯해 공채 설명회, 면접 진행 등도 활발하게 이뤄지고 있는 추세이다.

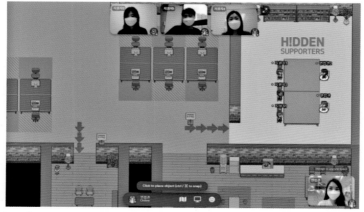

[그림 3-1] 대학생 마케터 히든 서포터즈 20기 선발 면접 진행 [사진 출처: 롯데푸드 기사]

아울러 이제는 대면 활동 및 교육 일정이 회복되더라도 온라인상에서 활동 영역은 앞으로도 확대될 예정이며, 특히 메타버스 공간 안에서 교육은 더욱 활발해질 것이다. 예를 들어 게더타운을 활용한 비대면 채용 면접을 통과한 신입 사원들이 입사 후 약 3~4개월 동안 받게 되는 신입 교육 역시 메타버스에서 받고 현업에 배치되는 사례가 있다.

1) 참여 목적에 따라 구상하기

우리가 보통 오프라인에서 공간을 기획할 때에는 찾아오는 사람들의 연령층, 공간별 구분, 동선, 전달하고자 하는 자료 배치, 산뜻한 공간 디자인 등 많은 것을 고려한다. 온라인 공간에서도 마찬가지로 이 모든 것들을 기획해야 한다.

물론 디자인에만 너무 치중한 나머지 화려한 디자인을 갖춘 게더타운 맵은 준비했지만 정작 안의 내용은 부실하면 그 단점은 더욱 명확하게 보이기 때문에 공간 안에 들어간 콘텐츠도 반드시 신경 써야 한다. 또한, 기존의 줌과는 다르게 변수가 많이 생길 수 있는 공간이기 때문에 운영자가 우왕좌왕하지 않도록 게더타운에 대한 이해도를 반드시 높여 두어야 한다.

다음은 국가평생교육원이 주최하고 필자가 맵 제작 및 함께 행사를 진행한 학교협동조합 교육 행사로 예를 들어 기획 구성을 전달해 보고자 한다. 코로나19로 인하여 오프라인에서 학교협동조합 모임의 추진이 어렵게 되었으므로 메타버스 공간 안에서 기획을 하게 되었다.

참가 학생들을 대상으로 사회적 기업가와 만남의 시간 배치와 그룹별 토론을 할 수 있는 공간, 또 추천 영상과 도서 등 자료를 볼 수 있는 공간, 전체 모임을 할 수 있는 대강의실 등 공간 구성을 하였으며, 학생들이 메타버스라는 새로운 공간 안에서 토론 회의 및 수업 등을 효과적으로 들을 수 있도록 맵 제작을 하게 되었다.

각 공간 안에서 참여자들은 어떤 경험을 하게 할 것인가, 어느 부분에서는 팀별로 참여 요소를 줄 것인가 등을 생각하고 공간을 만들고 동선을 기획하는 것이 좋다. 아울러 본 행사는 학생들이 사회적 기업가와 만나서 토론을 하고 추천 영상 및 도서들을 볼 수 있도록 하는 것이 목적이었기 때문에 그것을 염두에 두고 공간을 디자인하고 콘텐츠 업로드를 진행하였다.

[그림 3-1-1] 교육 행사 기획 예시

또 하나의 제작 예시는 필자가 학생들을 대상으로 맵 제작 교육을 진행한 광명시 고등학교 선생님과 1학년 학생들의 메타버스 진로 발표회 예시이다. 해당 발표회 준비를 위하여 메타버스 안에서 진로 발표회 행사를 어떻게 기획하였을까?

▶ 입구: 가장 먼저 친구들이 어느 위치에 모여서 설명을 듣고 입장하게 할 것인가? 입장했을 때 이동하기, 채팅하기, 방명록 쓰기 등 어떠한 체험 요소를 줄 것인가?

▶ 교실: 교실 안에서 어떤 체험을 하게 할 것인가?

▶ 강당: 모두 모여 있을 때 어떤 활동을 할 것인가? 관련 영상 시청 후 어디로 이동할 것인가?

▶ 꿈 전시관: 학생들이 진로 포스터를 어디서 만들 수 있도록 어떻게 안내할 것인가? 또한, 만든 포스터는 어디로 업로드해서 함께 공유할 것인가?

▶ 시상: 제작한 포스터 중 수상작은 어디서 어떻게 발표할 것인가?

아울러 행사에 필요한 현수막들 역시 학생들이 스스로 기획하고 제작하여 넣었으며 게더타운이 처음인 친구를 위해 사전에 가이드북을 제작하여 배포하였다.

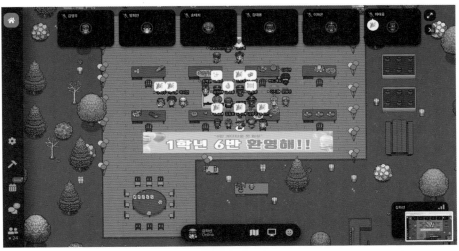

[그림 3-1-2] 게더타운 내에서 진행된 경기도 내 고등학교 진로 발표회

행사를 잘 마무리하고 기념 촬영 후 진로 발표회는 마무리되었다. 이 기획은 학생들이 메타버스 공간 안에서 행사를 기획해 보고 친구들을 초대했을 때 어떤 식으로 안내해야 하는지, 진로 발표는 어떤 순서로 진행해야 하는지 실제 오프라인에서 기획하는 것을 메타버스로 그대로 옮겨와 진행해 보는 것이 목적이었다.

스마트기기가 익숙한 학생들을 대상으로 할 때에는 처음에 모여서 아주 간단한 설명만으로도 금방 익히고 진행을 할 수 있지만, 만약 그 연령층이 시니어층이라면 처음에 모였을 때 충분히 설명해야 하고 천천히 기능도 익히는 시간을 반드시 공간 안에 기획해야 한다.

이렇듯 게더타운을 활용한 교육 및 행사에 참여하는 목적. 연령층에 따라 기획이 달라지므로 나의 목적에 맞는 맵을 구상해 보도록 한다.

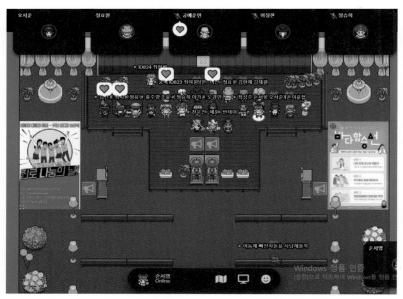

[그림 3-1-3] 게더타운 내에서 진행된 경기도 내 고등학교 진로 발표회

2) 참여 활동 권한 부여하기

게더타운에서 참여자들이 오브젝트를 추가 및 삭제 등을 할 수 있도록 활동 수업을 기획한다면 반드시 설정해 두어야 하는 부분이 있다. 바로 설정에서 공간 커스터마이징의 Global Build를 활성화할 것이지 여부를 선택하는 것이다.

[그림 3-1-4] 게더타운 글로벌 빌드 설정

설정 여부에 따라 맵에 참가한 사람이 Build 망치 버튼을 눌렀을 때 활성화 여부를 바로 확인할 수 있다.

글로벌 빌드를 활성화해 두면 맵에 접속하는 모든 사람들이 오브젝트를 넣고 빼는 권한이 부여된다. 따라서 수업에서 참여자들이 오브젝트를 넣고 링크 등을 연결하도록 하는 것이 목적이라면 글로벌 빌드를 활성화해 두지만, 공식 행사라든지 참여자들이 손을 대면 안 되는 행사 등에서는 내가 설정해 둔 오브젝트까지 삭제할 수 있으므로 비활성화해 두어야 한다.

[그림 3-1-5] 빌드 활성화(좌) 빌드 비활성화(우)

2. 외부 사이트 활용하기

코로나19로 인하여 온라인에서 수업을 듣는 것은 이제 일상화가 되었다. 줌 혹은 구글미트를 통하여 수업을 듣고 자신의 화면을 선생님께 공유하며 본인의 생각 등은 패들렛 등에 적어 제출한다. 이미 온라인 수업의 편리함을 익숙하게 누리고 있기 때문에 앞으로는 온라인 교육을 기반으로 한 메타버스 플랫폼상에서의 교육은 더욱 활발하게 될 것이다.

교육을 진행할 때 중요한 것은 참여 학생들이 학습 자료에 어떻게 참여시킬 것인지, 또 참여 학생과 교사는 어떻게 서로 소통할 것인지, 참여자들 사이에는 어떻게 공감대를 형성할 것인지 고려해야 한다.

콘텐츠와 참여자　　　　　강사와 참여자　　　　　참여자와 참여자
<학습자료에 참여>　　　　**<서로 소통>**　　　　　**<공감대>**

[그림 3-1-6] 학습 계획

　참여 학생들이 학습 자료에 참여시키기 위해서는 게더타운의 인터렉션 효과, 즉 웹 사이트, 영상, 이미지 공유 등을 활용하여 기획해 볼 수 있다.

　교사와 참여 학생의 소통 방식은 기존의 줌에서 진행했던 것과는 다르게 들어가야 한다. 교사가 일방적으로 화면을 공유해 주면 그 화면만 바라보고 있어야 하는 줌과는 다르게 돌아다니면서 다른 자료를 볼 수도 있다. 또한, 그 과정에서 교사와 거리가 멀어지게 되는 경우 소리가 안 들릴 수 있으므로 계속 스포트라이트를 설정하는 것도 필요하다.

　마지막으로 참여자들끼리 공감대를 형성하며 진행하기 위해서는 참여 요소 등을 더 꼼꼼하게 기획해야 한다. 그 이유는 내가 참여하지 않아도 집중도를 높게 가져갈 수 있는 오프라인과는 다르게 참여 요소가 멈추는 순간 집중도가 금방 떨어지기 때문이다. 따라서 그룹으로 묶어 토론을 시킨다든지, 공동 작업을 통해 퍼실리테이션 도구를 활용해 업로드하게 하여 함께 공유한다든지 게임 요소도 첨가해서 단결력을 주는 기획도 좋다.

1) 패들렛, 화이트보드 활용

온라인 공간에서 의견 취합이 매우 편리해서 필자가 가장 많이 사용하는 사이트 중
하나는 패들렛이다. (https://padlet.com/)

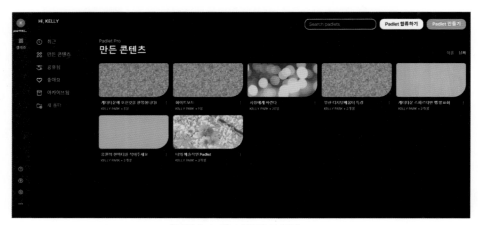

[그림 3-1-7] 패들렛 첫 화면

사용법도 굉장히 간단하다. Padlet 만들기 버튼을 클릭하고 만들고 싶은 스타일의
보드를 골라 준다. 본 예시는 담벼락으로 들어보았다.

[그림 3-1-8] 패들렛 스타일 선택

선택을 했다면 이름 및 소개글을 수정하고 주소를 복사한다. 바로 아래 있는 클립보
드에 복사를 클릭해도 주소 복사가 된다.

[그림 3-1-9] 패들렛 이름 및 소개 수정, URL 복사

이 주소는 오브젝트 인터렉션 효과 중 웹사이트 연결에 붙여 준다.

[그림 3-1-10] 패들렛 주소 연동하기

이제 참여자는 해당 효과가 걸린 오브젝트 앞에 서면 자유롭게 의견 혹은 이미지 등을 업로드할 수 있게 되며, 추후 나중에 다른 참여자가 오더라도 앞선 어떤 의견들이 오갔는지 확인이 되므로 편리하다.

[그림 3-1-11] 패들렛이 연동된 모습

또한, 게더타운에서 제공하는 오브젝트 중 화이트보드를 바로 사용하는 방법도 있다.

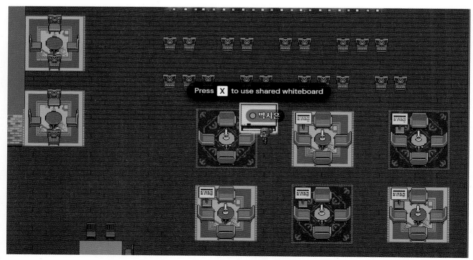

[그림 3-1-12] 화이트보드 오브젝트 삽입

화이트보드 기능을 활용해도 참여 수업을 얼마든지 진행할 수 있으므로 편한 툴을 활용해 보면 좋다.

[그림 3-1-13] 화이트보드 오브젝트 삽입

2) 구글 설문지 활용하기(https://docs.google.com/forms/u/0/)

게더타운에서 행사나 교육 등을 진행할 때 사전 설문지를 활용하면 매우 편리하다. 그중에서도 구글 설문지를 소개하고자 한다.

[그림 3-1-14] 구글 설문지 첫 화면

사용법도 매우 간단하다. 기존에 있는 템플릿을 활용해도 괜찮고, 상황에 맞게 편집을 해서 써도 좋다. 책의 예시에서는 기존 템플릿으로 활용했다. 예를 들어 행사 등록 템플릿을 클릭하면 아래와 같이 폼이 열리게 된다.

[그림 3-1-15] 구글폼 편집창

또한 우측의 질문 추가, 질문 가져오기, 제목 및 설명 추가, 이미지 추가, 동영상 추가, 섹션 추가 등의 버튼을 활용하여 내용도 자유롭게 편집할 수 있다. 게더타운은 동시 접속이 25명이기 때문에 대규모 행사를 기획하고 참여자를 파악하고자 할 때 참여 신청용으로 활용해도 매우 좋다.

[그림 3-1-16] 우측 메뉴바 확인하기

편집이 완료된 후 우측 상단의 보내기 버튼을 클릭하고 중간의 공유 버튼을 눌러 저장한다. 이때 링크가 너무 긴 경우 URL 단축에 체크하면 주소가 간결하게 줄어든다.

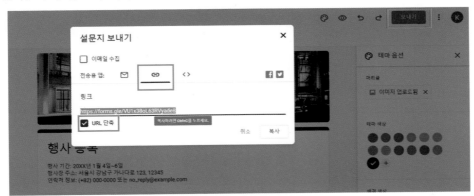

[그림 3-1-17] URL 저장하기

저장한 URL은 게더타운 오브젝트 인터렉션 효과에 걸어주는데 웹사이트 영역에 넣어 주면 된다.

[그림 3-1-18] 게더타운에 적용하기

캐릭터가 가까이 다가가면 프롬프트 메시지가 뜨면서 확인할 수 있게 표시된다.

[그림 3-1-19] 게더타운 맵에서 확인하기

X키를 누르게 되면 구글 설문지가 바로 열리게 된다. 사전에 활용을 할 때는 참가 신청용 등으로 받을 수 있지만, 게더타운 맵 안에서 열리게 되면 이벤트 경품 정보 입력, 상담 신청 등으로 다양하게 활용할 수 있다.

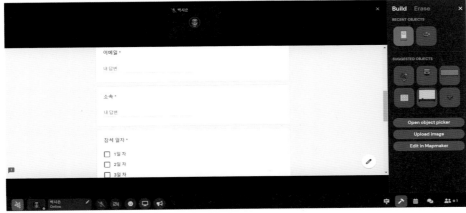

[그림 3-1-20] 게더타운에서 열린 구글폼

3) OX 퀴즈, 미로 찾기 등 게임 요소

게더타운에서 OX 퀴즈는 많이 사용되는 게임 중 하나다. 보통 수업 중 배운 것을 다시 확인하는 용도로 사용되거나 단체 게임 등을 할 때 이용된다. 게더타운 템플릿에는 OX가 없기 때문에 별도로 제작해서 사용해야 한다.

두 맵 모두 필자가 직접 제작을 한 OX 공간인데 기획 요소가 조금 다르다. 왼쪽은 맵 중앙에 모두 모여서 마지막이 살아남을 때까지 질문하는 활동을 하는 것으로 만들었고, 오른쪽은 준비한 5~6개의 질문을 준비해서 맞히는 사람들에겐 모두 소정의 선물을 주는 OX 룸으로 만들었다.

　　지난 시간 복습용으로도 좋고 참여자들끼리 단결력을 키우는 데도 좋은 활동이므로 한 번씩 시도해 보길 바란다.

[그림 3-1-21] OX 퀴즈룸

3. 게더타운 공간 기획 추가

1) 공간 기능 설정하기

　　게더타운 맵에 처음 접속하는 경우 기본적으로 스마트줌이 활성화되어 있다. 활성화된 경우는 기본적으로 150% 정도 확대되어 있기 때문에 확대되어 보이는 상태이다. 이 경우 마우스 스크롤로 조절할 수 없으므로 스마트 줌을 비활성화하고, 마우스 휠로 줌 인/아웃을 해서 맵 사이즈를 보기 편하게 설정한다.

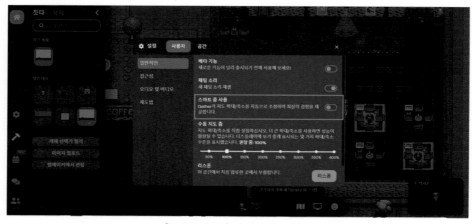

[그림 3-1-22] 스마트 줌 설정

또한, 맵을 제작하다가 불필요한 맵을 정리하고 싶을 때에는 게더타운 메인인 My Spaces에서 해당 맵 하단의 점 세 개 버튼을 클릭하고 Manage Space를 클릭한다.

[그림 3-1-23] 맵 공간 관리

그러면 Space dashboard가 열리면서 맵에 필요한 모든 설정을 할 수 있게 된다. 예시로 앞서 살펴보았던 글로벌 빌드 역시 여기서 설정 가능하다.

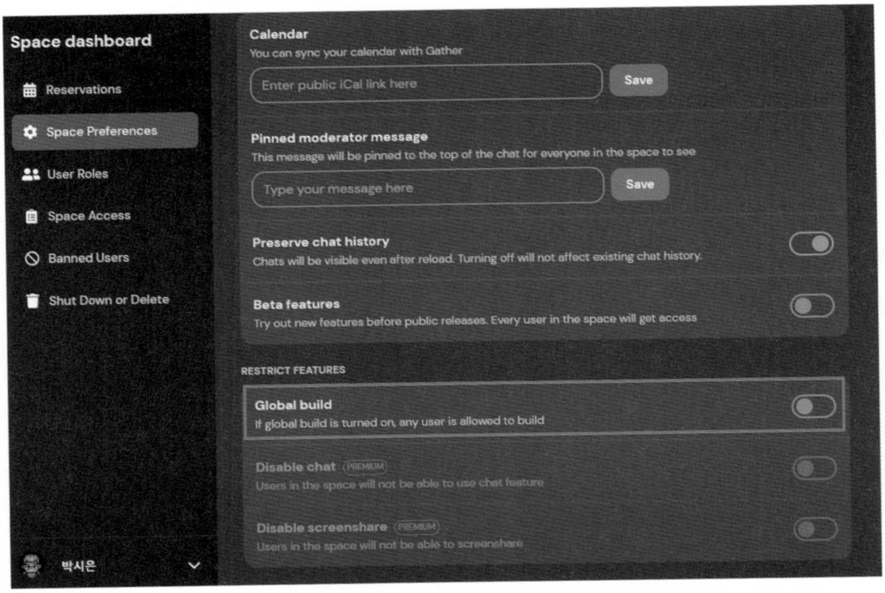

[그림 3-1-24] 맵 공간 관리

삭제는 가장 하단의 삭제 버튼을 클릭해 준다.

[그림 3-1-25] 맵 삭제

2) | 비밀번호 설정

맵을 제작할 때 비밀번호 설정이 안 되어 있는 경우는 설정에서 추가할 수도 있다.

인원수를 조절하기 위해 사전에 허가받은 사람만 입장을 시키거나, 외부 인원이 마음대로 들어올 수 없게 하는 등 맵을 보호하고 싶을 때 비밀번호를 설정하게 된다.

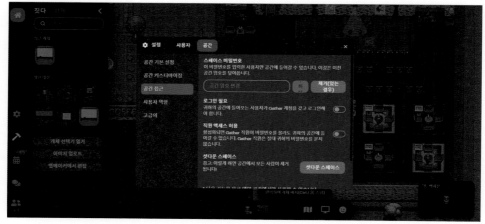

[그림 3-1-26] 비밀번호 설정

3) | 오너와 빌더 추가하기

맵을 혼자서 제작을 할 수도 있지만, 누군가와 함께 제작하는 경우에는 맵을 소유하는 오너로 추가하거나 혹은 수정할 수 있는 빌더로 추가할 수 있고 둘 다 권한을 줄 수도 있다. 공간에서 사용자 역할을 골라 사람을 추가한다.

[그림 3-1-27] 오너 및 빌더 추가

그리고 어떠한 권한을 부여할 것인가를 체크하면 된다.

빌더만 되어 있는 경우는 맵 메이커로 같이 접속해서 맵 수정 및 편집 권한이 주어지며, 관리자는 맵에 소유 권한도 주어지므로 추후 복제해서 사용할 수도 있다.

[그림 3-1-28] 오너 및 빌더 추가

지금까지 게더타운은 무엇이고 맵 제작 방법을 비롯하여 공간별 기획 방법 등 전반적인 과정을 함께 알아보았다. 내가 어떤 목적으로 갖고 게더타운 방을 만드느냐에 따라 결과물은 모두가 다르게 나올 수 있으며 세상에 하나밖에 없는 멋진 공간이 탄생하게 될 것이다.

아울러 많은 산업군에서는 게더타운을 활용해 회의 및 행사 등을 진행하고 있다. 그만큼 기업에서 부각시키고 싶은 부분을 여러 상호작용을 통해 많은 사람에게 경험시켜줄 수 있기 때문이다. 따라서 해당 사이트를 잘 활용할 수 있도록 연습한다면 누구보다 근사한 게더타운 맵을 만들어 활용하게 될 수 있게 될 것이며, 나아가서는 누군가를 위해 맵을 제작해 주는 경험도 쌓게 될 것이다.

| 과학기술정보통신부 인가 사단법인 4차산업혁명연구원 산하 한국메타버스연구원 |

한국메타버스연구원
다가온 미래 메타버스 연구 및 교육

한국메타버스연구원

한국메타버스연구원은 인공지능, AR·VR 등 디지털 기술을 활용하여 창조한 가상세계에서의 활동을 연구하는 곳입니다.

  Gather 미국 게더타운 공식파트너

> **한국메타버스연구원**
>
> 메타버스 강사 양성과정 문의
>
> 홈페이지: https://metabus.modoo.at/
> 네이버 카페: https://cafe.naver.com/oemen
> e-mail: mdkorea@naver.com

플랫폼 관련 출처

게더타운 (게더타운 홈페이지)

눈 떠보니
메타버스
게더타운(Gather.town) 마스터

메타버스 게더타운(Gather.town) 플랫폼 활용 가이드

| 2022년 6월 24일 | 1판 | 1쇄 | 인 쇄 |
| 2022년 6월 30일 | 1판 | 1쇄 | 발 행 |

지 은 이 : 최재용 · 박시은 공저

펴 낸 이 : 박   정   태

펴 낸 곳 : **광   문   각**

10881
파주시 파주출판문화도시 광인사길 161
광문각 B/D 4층
등   록 : 1991. 5. 31 제12 - 484호
전 화(代): 031-955-8787
팩   스 : 031-955-3730
E - mail : kwangmk7@hanmail.net
홈페이지 : www.kwangmoonkag.co.kr

ISBN : 978-89-7093-537-9   93000

값 : 18,000원

한국과학기술출판협회
Korean Science & Technology Publisher Association